# 胖东来
# 向善而生

木 刀◎著

台海出版社

图书在版编目（CIP）数据

胖东来：向善而生 / 木刀著 . -- 北京：台海出版
社，2024.1（2025.3 重印）
ISBN 978-7-5168-3790-0

Ⅰ．①胖… Ⅱ．①木… Ⅲ．①零售业－商业管理－经
验－中国 Ⅳ．① F724.2

中国国家版本馆 CIP 数据核字（2024）第 010817 号

# 胖东来：向善而生

著　　者：木　刀

出 版 人：蔡　旭　　　　　　　　　　封面设计：张合涛
责任编辑：王　艳

出版发行：台海出版社
地　　址：北京市东城区景山东街 20 号　　邮政编码：100009
电　　话：010-64041652（发行，邮购）
传　　真：010-84045799（总编室）
网　　址：www.taimeng.org.cn/thcbs/default.htm
E-m a i l：thcbs@126.com

经　　销：全国各地新华书店
印　　刷：艺堂印刷（天津）有限公司
本书如有破损、缺页、装订错误，请与本社联系调换

开　　本：710 毫米 ×1000 毫米　　　　1/16
字　　数：200 千字　　　　　　　　　印　　张：14.5
版　　次：2024 年 1 月第 1 版　　　　印　　次：2025 年 3 月第 5 次印刷
书　　号：ISBN 978-7-5168-3790-0

定　　价：68.00 元

# 自　序

## 做企业到底是为了什么

时光的浪潮永远不会带走闪光的思想，相反随着时间的流逝，它会越来越光亮！

今天，当我们还在为销售额、毛利、怎样把企业做得越来越大等问题费尽心思、忙碌奔波时，是不是忽略了一个问题——做企业到底是为了什么？

静下心来，深思一下会发现，这个看似简单的问题实际上很难回答。

也许当年我们是因为下岗不得不去做生意，也许是跟着形势稀里糊涂下了海。无论如何，当我们的企业今天还活着并且做得还不错的时候，我们应该深思：做企业到底是为了什么？

或许没有标准答案，100个人可能就有100个回答。然而，有一个人的答案很值得我们去思索，这个人是于东来，他是胖东来这个神话般企业的创始人，他说："20 年后，胖东来一定是世界上最棒的企业之一，也许不是最大的，但一定是最快乐的。"

很多老板认为，自己做的是世界上最苦的企业，有着深深的无奈和焦虑。而于东来和他的胖东来却让我们看到了另一番光景。我们惊喜地发现，在河南许昌这样一个三四线城市，却创造出胖东来传奇！业界坊间一直流传着各种版本的胖东来"神话"故事。

其实这个世界没有神话。于东来不是神，他的企业更不是，不是谁都学不会，更不是谁学谁死，而是谁都可以学得会。只要你真正想学，真正用心学，并肯付诸实践，就能学会，且能做好。

让我们走进胖东来，听于东来说他的企业如何创造财富、如何分钱、如何善待员工、如何服务顾客、如何履行一个民营企业的社会责任……看他如何努力让企业发展得更好、更长久，使员工更幸福，使社会更美好……

让我们一起来思考：于东来这样一位白手起家、草根出身的民营企业家身上所放射出的大爱、理念与信仰，是否能为当前贫富差距大、零售如何做强等问题提供一个集体突破的思考支点？

于东来前不久说："我们仅仅是做得善良了一点儿，真诚了一点儿，这样就被封神了，这难道不是中国企业的悲哀吗？"他在会上讲到这段话的时候潸然落泪。

于东来不是神，我们也不要神话胖东来。出版这本书的目的，是挖掘员工的幸福感从何而来、探索组织的幸福感如何营造、关注社会的幸福感如何涌现，从而揭示出企业进化的底层逻辑。

这个底层逻辑就是——做企业到底是为了什么？

木 刀

2023 年 8 月 14 日

# 目　录

## 第一章　极致服务，就该赚钱

第一节　让顾客都来胖东来的理由 / 002

第二节　把爱和快乐传递给顾客 / 010

第三节　顾客服务铁三角 / 019

第四节　顾客全面体验管理 / 029

第五节　极致的细节放大服务力和体验感 / 037

第六节　解读胖东来的战略逻辑 / 046

## 第二章　最划算的投资是投资员工

第一节　算算员工福利 / 056

第二节　快乐工作 / 063

第三节　用文化和利益换取员工忠诚 / 071

第四节　激发员工，而非压榨 / 079

第五节　高执行力的背后是什么 / 086

第六节　员工工资越高，企业成本越低 / 093

## 第三章　行业科学家

第一节　老板抓卫生 / 104

第二节　精细化管理 / 111

第三节　高效的供应链 / 119

第四节　自营的诀窍 / 126

第五节　利润来自哪里 / 133

第六节　把企业目标变成员工的自发行为 / 142

## 第四章　对标开市客

第一节　开市客的制胜秘籍 / 152

第二节　胖东来的选择 / 160

第三节　应对下沉的电商 / 167

第四节　摒弃规模化 / 174

第五节　IP 式营销 / 181

第六节　打造品牌拉力 / 189

## 第五章　胖东来，你要怎么学

第一节　活成于东来 / 198

第二节　胖东来，你为什么学不会 / 205

第三节　胖东来的两个为什么 / 208

第四节　胖东来，该怎么学 / 213

Part 1 | 第一章
极致服务，就该赚钱

# 第一节　让顾客都来胖东来的理由

胖东来是一个商业的奇迹。

只要它开业，就会火爆。交通拥堵，连警察都不得不出动维持秩序；它招工50人，报名的就有5000人。

它周二闭店，在商场最繁忙的春节期间放假5天，打破了国内零售业无假日的先例，但这并不影响它光芒万丈的业绩，它的人效、坪效等在中国民营商业零售企业依然名列前茅，甚至被誉为"中国最好的店"。

定位理论在胖东来似乎失灵了，胖东来的门店几乎吸引来了它所在城市的各个阶层的顾客。

胖东来，为什么如此火爆和具有吸引力？

## 01 二十字方针

丰富的商品、合理的价格、温馨的环境、完善的服务。这二十字方针是胖东来对自身的要求。

**首先，丰富的商品。**

这里指既要有保障性的功能消费，同时又能引领时尚生活。做到人无我有、人有我优、品类齐全、价格分段、把握品质。另外，胖东来还设置了急购热线。

顾客到胖东来购买商品能看到温馨提示——"因为陈列位置有限，如果您在商场购买不到所需的商品，可以留下您的联系方式。我们将单独为您采购。"

曾经有位顾客，为了给母亲配药，需要买四两荞麦面，那天她跑遍许昌都没有买到，胖东来也没货。

虽然她在胖东来留了联系方式，但没抱任何希望。让她没想到的是，第二天晚上，胖东来就给她送来了荞麦面，还不收钱。他们说："大娘有病，这是我们应该做的。"

在顾客眼中，在胖东来没有买不到的东西，这就叫丰富的商品。

而且，最关键的是采购没有任何加价，整个过程的运费和成本由胖东来承担。

**其次，合理的价格。**

胖东来有一个特别的行为，是在经营的 10 多年中从来不做产品促销。零售业不做促销其实是难以想象的。

为什么胖东来不做促销？原因是倡导理性消费。

为此，胖东来杜绝暴利产品，严控商品毛利率。它把自己商品的进货价和销售价标在一起，比如西瓜的进货价是 1.9 元，售卖价是 1.99 元。

董事长于东来认为，胖东来商场所提供的服务很差，所以没理由向顾客要高价。于是，就直接把商品的利润标出来，让顾客自己选择愿不愿意为现在这种服务买单，如果顾客觉得不值就不要买。他通过这种方式，借助顾客的压力来优化自身的品类管理。

此外，还有专业的批量直采。胖东来除了加入采购联盟外，还建立了自己的直采体系，采用买手制采购，并构建了自有的品牌体系。胖东来在 2004年加入国际独立零售商联盟（IGA），并且联合了河南当地的几家企业成立了四方联采，在强调源头直采，采购成本得到降低的同时，还能更好地把控品质。除此之外，胖东来还秉持先质优再价廉的理念。只关注排名在前三、前五的优质品牌，品质得到保证后才去考虑性价比。

**再次，温馨的环境。**

许昌是个三四线城市，但胖东来给人的感觉特别有国际范。人性化的卖场设计，让身处其中的顾客感到十分舒适和放松，而且整个商场四季恒温，顾客可以在很宽阔的空间逛得很舒服，也能在休息场所得到很好的休息。胖东来对顾客的休息场所十分重视，布置得也非常用心，商场里到处都是可供休息的长椅，还配有各类杂志、书籍。另外，还有温馨的育婴室，宝妈们丝毫不用担心宝宝换尿布以及喂奶的问题。

对于商场卫生间的配置，胖东来也做到了极致：在成年男女卫生间之外，还设立了老人卫生间、儿童卫生间、无障碍卫生间、母婴室等。另外，卫生间都配有求助按钮，一按按钮，相关员工就会迅速赶到。

另外，商场的商品陈列也很考究，甚至可以说是一种商品摆放的艺术。与此同时，还把商场味道的经营做到了极致，充分调动人们的五感，所以顾客感觉逛胖东来真的是一种享受。

**最后，完善的服务。**

比如购物车，胖东来的购物车有好几种类型，给老人用的购物车不但配有专门的放大镜，还有椅子方便休息；再比如挑香蕉，生的、熟的、半生不熟的，胖东来提供香蕉的色卡，帮助顾客挑选不同品级的香蕉；冷冻的货架旁边还配有保暖手套，怕顾客拿冻品的时候冰手。

此外，还有免费使用的饮水机、微波炉、充电宝、宝宝车、轮椅等，有特殊需要的顾客也可以在这里便捷购物。

### 02 把对顾客的服务体验做到极致

零售界有句这样的传言，中国超市分两种：胖东来和其他超市。

这两种超市的区别在于服务。胖东来把服务做到了极致。

极致的服务体现在齐全的硬件设施。硬件设施是功能性的展示，也是提供服务的基础保障。胖东来的各个卖场内都配备了顾客休息区、微波炉、饮水机、免费充电宝、免费宝宝车、免费轮椅等，条件允许的商场还配有母婴室及无障碍卫生间。没有做不到，只有想不到。为了照顾老年人，货架上放置放大镜，卖场配有为老年人准备的可以休息的手推车。

在服务顾客方面，胖东来可以说是零售界的天花板。免费送货、免费维修、免费干洗、免费直饮水、免费宠物寄存、雨天打伞迎接顾客、给顾客的电瓶车罩雨衣、夏天用冰袋帮车座降温、人性化高品质卫生间及母婴室、为外卖小哥提供免费餐食并对超重订单额外补贴……

在胖东来，免费服务已经扩展到了一百多项，而且还有不满意就退货以及服务投诉奖励机制。胖东来在 2005 年的时候设计了服务投诉奖励机制，顾客只要对服务不满意，投诉就奖励 100 元，后来更是把奖励标准提高到 500 元，用顾客的投诉来倒逼自己不断改进，通过顾客共建的方式不断优化管理水平。

在胖东来，顾客可以得到无微不至的照顾和保护。更令人惊叹的是，于东来认为开店会扰民，所以超市附近居民的水电费也包了。

总结起来，胖东来的极致服务主要体现在三个方面：

第一，对服务项目的专业性要求。

胖东来要求员工依据科学做事，对每一件商品、每一个环节都要用专业精神去做，让员工成为有知识有能力的人才，让企业发展更健康。他们在工作日晚上歇业后和周二对卖场的地面及各个角落进行专业的清洁、打磨和保养。通过"星级员工评定"设置员工成长通道，要求员工通过努力学习成为岗位或品类专家。胖东来鼓励员工把职业和兴趣结合起来，员工发现自己的兴趣所在，找到职业发展的方向，从而获得终身就业的能力。

第二，细节，无处不在。

让顾客满意是企业赢得顾客并保持合作的关键，而影响顾客满意度的关键是产品质量的高低。胖东来一直借助调研公司收集的数据对顾客所期望的服务质量进行分析和判断，从超市地点的选择、店面的设计到超市内的环境、货物的摆放，无不针对顾客的期望来精心设计。

第三，员工的高标准落实。

零售企业的服务主要是通过一线员工完成的，他们的工作状态直接决定了服务的结果。胖东来的薪酬水平是当地同行业的 2 ~ 3 倍，工作满 3 年的普通员工也可以享受公司的年终分红。员工对薪酬满意度高，对工作环境满意度高，就会更加珍惜工作，更有动力和积极性做好工作，将各项工作要求高标准落实好。

比如，一旦面前没有顾客，员工就会自觉地拿起手边的抹布擦擦擦，每件商品、每个包装箱都被一遍一遍地擦拭，以确保每件商品顾客拿在手上都一尘不染。在胖东来超市，香蕉都是一个颜色——成熟的黄色，告诉顾客只有黄色才具备最佳口感。

### 03 让顾客产生依赖感

胖东来在 20 多年的发展中，经历了零售业发展的各个时期，一直能获得顾客青睐，始终立于不败之地，它到底凭借的是什么？

其实就是服务，是顾客真正需要的服务，是让顾客感动的服务，是让顾客产生依赖感的服务。

什么样的服务，让顾客如此依赖胖东来呢？下面，一起来看一下吧。

现在家庭不粘锅的使用越来越多，与之配套使用的锅铲不可以是铁铲或不锈钢铲，因为它们会损坏不粘锅的涂层，必须是硅胶制品。但并不是每一个家庭都懂得硅胶锅铲的正确用法，胖东来门店有专门的卡片告诉顾客如何使用。

新买来的碗，不可以直接使用，要先煮沸消毒。

产妇生完小孩，需要恢复体力，红糖是很有益的食品。但现在有不良商家，偷换概念，声称赤砂糖更好！事实到底如何呢？胖东来超市给出了说明。

一桶食用油快吃完了，不少家庭会与新的一桶合并。冬天可以，但夏天不行。因为夏天温度高，暴露在空气中的食用油，可能会变质腐坏。一旦合并，新的一桶也被污染了。

如何煎一个黄亮好看的鸡蛋呢？热油中撒点面粉，很多人可能都想不到。

保温杯买回去以后，使用之前是要开水烫洗消毒的。

这些知识，在胖东来门店里相关商品旁有标签专门介绍。这些个标签很贵吗？贴上这些标签很难吗？都不是。就是这样的点滴，让顾客喜欢到胖东来，不仅可以满足购物的需求，同时也是对生活知识的学习，并且这个学习的过程，自然、轻松、有趣。

如果说，这些经营策略依然无法打动顾客，那胖东来推出的"便民利民"服务，绝对是品牌收获顾客心智，培养顾客对品牌依赖的最佳王牌。

去过胖东来的人都知道，从进门开始，胖东来对顾客的服务就已经开始了。

提供宠物寄存服务，胖东来的员工会主动给宠物投喂。

在胖东来购买家用电器，还可以享受免费检查电路板的服务。

不仅如此，胖东来还提供到货通知、免费食品加工、帮顾客拎购物袋等服务。在众多品牌中，胖东来基本上做到了零差评。

### 04 零售，最怕听不到顾客的声音

零售，从来不是单向的，不是我进什么货，你就得买什么。企业应该了解所在地区的消费需求，填补市场空白。即使需要的是针头线脑，也要有备货。这是为了建立和这个地区顾客的信赖，只要你来，就不会有买不到的商品。

有些商品，不是为了挣钱，而是为了建立和顾客之间的信赖关系。在胖东来，每一排货架上，都放置了一个《缺货登记表》，用以统计顾客的需求。这又是一个绝好的和顾客建立关系的纽带。

胖东来对所有商品实行"无理由退换"，只要顾客提出不满意，就算是吃过的食品也能退，甚至还会退给你比原商品价格更多的钱。胖东来的试吃台不仅非常多，而且量很大。在某些店面，还会出现晚上 8 点以后将当天售卖的整份寿司开盒，给顾客品尝的情况。

为什么胖东来和其他商超不一样？

因为胖东来和其他商超经营的底层逻辑不一样！

胖东来关注的是顾客，关注的是人，关注的是持续地通过服务和商品构建与顾客的信任关系。

零售业应该和顾客建立什么样的联系呢？高信赖＋强关系。这样的企业才能听到顾客真正的声音，才能立于不败之地。

### 05 牢不可破的地位是怎样建立的

胖东来在顾客心中的地位为什么牢不可破呢？

从消费心理上来分析，是文化的力量，是建立在信任基础上的共同价值观，成就了胖东来在顾客心中牢不可破的地位。

胖东来所倡导的大爱文化，其对员工的尊重与认可，深得各阶层消费人群的认可。服务至上虽然我们提倡了许多年，但是真正让顾客满意的服务却不多，胖东来强大的企业文化让员工对顾客的服务能做到发自内心，所以服务必定是快乐、周到又贴心的。这种良好的体验感，势必带来顾客的高度认可。

有媒体对胖东来 2015 年新乡闭店做了报道："闭店那天，一位阿姨走过来交给我们一封信，紧握着我们的手，说'孩子，我想跟你们说些什么，但又不知咋说'，然后就哭着走了。我们打开信，上面一角写着，'孩子你们辛苦了！'当时我们就哭作一团……"客服主管刘燕回忆起闭店当天的场景，几度哽咽。本来记录顾客意见的意见簿也成为顾客诉说心声的"真情册"："很喜欢在胖东来购物，从 2006 年至今，在这里消费成了一种习惯。""胖东来不要走。""在这里花钱是一种享受……"顾客李东英的不舍与留恋，代表了更多人对胖东来的情感："希望胖东来以更好的状态，再次服务新乡市民。"

这就是建立在信任基础上的共同价值观的力量。

由此看来，胖东来的差异化取胜之法，并不是表面上所看到的"服务差异化"。胖东来是一个将强大的企业文化转化为品牌差异化的企业。良好的服务只是企业文化差异化的一种表象，良好的企业文化转化的品牌力才是企业发展的真正源动力。服务是可以学习的，但企业文化是学不来的。这才是胖东来在顾客心中扎根的秘密。

# 第二节　把爱和快乐传递给顾客

胖东来自开业以来，一个"爱"字贯穿始终。

从最初的"用真品换真心，不满意就退货"，到今天的"创造爱、分享爱、传播爱"，胖东来通过它的卖场和员工，不断地把快乐和爱传递给顾客，传递给它所在的城市。

很多人把胖东来当作家，即便不买东西也要来逛一逛，这里冬暖夏凉，有免费的饮用水、有舒适的休息区、有亲切温暖的笑脸、有喜气洋洋的顾客……如果顾客是孕妇或宝妈，还有温馨的育婴室。

## 01 培养员工的爱与自由

有免费借阅的报纸杂志，墙上有启蒙心智的智慧语录，以及各种商品和品牌的来历、发展史，电器部有各种高科技商品、网红商品，带给你最新的科技信息和商品体验。

胖东来不止是在做企业，更是在做教育，它一直在理解生活，理解人们对美好生活的追求，然后分享它理解的美好生活的价值，引导大家幸福地工作和生活。

在胖东来，被诠释得最好的不是销售也不是商品，而是与人交心。它不是在售卖一件件商品给顾客，而是把真诚、温暖、惊喜和快乐交给对方。

在管理方式上，中国式管理的核心是"家长式管理"。在员工心目中，董事长于东来就是一个"大家长"，他循循善诱，就像对待自己的孩子一样爱护每一位员工，也时时给大家教诲，告诉大家如何过好自己的生活。

他试图构筑这样一种商业国度，希望他的每一位员工通过不懈努力都能开上车，能买得起自己的房子。这样的做法不像老板对员工的态度，而像家长对孩子。

对于企业管理，于东来用了两个词：尊重、快乐。尊重顾客的人格，带一个快乐的团队。

在他的带领下，企业员工像兄弟姐妹，情同手足，开心工作。快乐温馨的氛围、琳琅满目的商品、优雅舒适的环境，以及体贴入微的服务，让购物成为顾客的一种享受，甚至是一种生活方式。与其说这是企业，不如说这是一个温馨快乐的大家庭。于东来也曾以"家长"的身份自称，所有的员工见到他，都亲切地叫他"东来哥"。

于东来给人的最深印象不是他的生意经，而是他对做人、人生、思想境界的追求与探索。

他没有管理专业的资深学历，没有高不可攀的家庭背景，凭借"以人为本"的朴实信念，将一个企业家的强烈社会责任感灌输到每个人心中。在于东来眼里，什么"KPI（关键绩效指标）""绩效考核"都是表面的，只有"人性"才是最根本的。

他对"人性"的解释也很简单：当你真心对员工好的时候，员工也会真心回报你。因此，当其他老板想方设法鼓励员工努力工作时，于东来却要求他的员工快乐生活。

胖东来的企业文化也令人折服，将"休假"写进了企业信条里面。更让人惊讶的是，胖东来是不允许加班的，员工不休假也会被开除。其管理逻辑很简单：你如果加班、不休假，就会少很多休息时间，也会影响与家人的相处，又怎么培养爱与自由呢？

和胖东来打过交道后，你不会觉得它是一家零售商贸公司，甚至都不会觉得它是一家企业。它传递的不是商业效率和野心，而是满满的大爱。

## 02 让员工心甘情愿地工作

在胖东来，顾客无论是向导购、保洁还是保安问路，他们几乎都会直接带顾客过去，还会帮顾客把大件行李提到车上。河南网友说胖东来的厕所比自己的卧室还干净，外地人不信，网友反驳：你家卧室能做到用刷子刷地缝、胶带粘地面灰尘吗？胖东来的厕所就是这么干净。

这些"逆天"的服务细节是如何积累出来的？于东来用了什么魔法让员工一如既往心甘情愿地用心服务呢？

于东来倡导的是用对等意识、以专业性和匠人精神来拿捏服务分寸，无须以仰视的方式来伺候顾客。

人只有内心圆满和富足后，才能没有委屈地持续向外输出善意。只有员工开心了，他们才能把无微不至的爱源源不断地传递给顾客。从20世纪90年代开始，于东来的店员一个月就能拿到1000多元，是当地平均工资的近3倍，此后于东来还给员工定了3年赚5万的目标，让他们可以体面地生活。

于东来说："1999年以后，（我）都没想着自己再挣多少钱，没这个愿望了，（我的钱）已经够花了，再挣钱就是照顾大家，领着大家怎么干、怎么玩，然后怎么让这个社会更好一点儿。"他说，"从最开始分50%，到2002年开始，每年挣钱大概要分掉 80%，再后来就越分越多，一直延续到现在。"

胖东来员工的薪水是当地同行业的 2～3 倍，于东来说要让每一个人都能在城市买得起房，中高层干部一人一辆车、一人一栋别墅。这种理念也让胖东来很难在一二线城市落地。

为了让员工更好地享受生活，自 2018 年 4 月 1 日起，胖东来许昌市所有门店周二闭店。闭店预计损失 7000 万元，于东来问大家："钱重要还是健康快乐重要？"就这样，周二所有员工就休息了。

他把员工当作自己的兄弟姐妹，早年胖东来 500 多名员工，他可以准确喊出其中 300 多人的名字。据说有员工下班后在家突发脑出血，他赶到医院支付了医药费，还在手术室门口守了几个小时。

胖东来上班时间还允许员工坐着休息，以避免静脉曲张的职业病。胖东来的保安室不但有空调、床、独立卫浴，连生活用品都一应俱全，被称为最有尊严的保安室。另外，员工有 40 天的带薪假期，一年的休假时间大约有 140 天，且每天工作不超过 8 小时，下班后必须离开，非工作时间不许接工作电话，否则会面临罚款。

胖东来还规定员工每周必须跟父母吃一次饭，每年必须有一次省外的长途旅行，重新审视生命的意义和追求。公司甚至会通过照片检查员工的居家生活是否美观、整洁，要是不达标，工作再努力也不能参加升职竞聘。

为了让员工更好地休息和放松，胖东来拿出了一层楼来打造员工中心。投资了 600 万元和中国台湾的诚品书店联合打造了一个员工专属书店，里面有工具书、哲学、美术、艺术、历史等自我提升书籍。给员工和顾客配备的器械、餐饮都是大品牌。胖东来要用好的产品熏陶出员工对美好事物的感受和追求，让他们充满对生活的热爱。

胖东来更像是一所学校、一个大家庭，而不仅仅是一家企业。来胖东来应聘者众多，员工都是百里挑一的人才。如果应聘失败，将会得到 200 元的超市购物卡。

## 03 薪酬和心酬

人性化管理并不意味着胖东来没有标准化制度。

事实上，在流程管理上，胖东来也是做得很极致的，甚至连擦厕所的洗手台有几种抹布，每次清洁先后顺序是什么，煮水饺时要放多少克水、要煮多少秒等都有十分详细、明确的规定。这些制度其实并不值得称颂，定标准是容易的，难的是每位员工严格执行、用心执行。

在人员管理上，有一个"人生规划"，按岗位专家和管理专家两个方向培养员工，设置了五种评价体系，按照星级的差异，规定了详尽的行为，员工很容易找到自己所处的位置和努力的方向。不同星级的员工，还有配套的生活规划。

没错，商业不是靠情怀去实现的。通过企业文化解决了思想的问题，再通过标准化给员工在操作层面提供参考，构建了"企业爱员工，员工爱顾客，顾客爱企业"这样的商业管理闭环，这是胖东来中国式管理的逻辑。

改革开放以来，我们一直实践西方的管理思维。"平衡记分卡""360度测评""计件工资"等这些西方工业管理的产物，追求的是效率和利益至上，却忽略了"人性"的东西。

于东来反其道而行之，从人性管理出发，倡导真、善、美。这种"以人为本"的管理理念，对于其他中国企业有着借鉴意义，也提供了管理上一种本土式的解决方案。

当企业为"招不到员工"或者"留不住人才"而发愁的时候，或许可以回头想想于东来的那句话："你一个月给他多发10000元，我不信他会跳槽。"这句貌似质朴的话，却道出了管理的本质。

于东来曾说："把员工当自己的亲人看，而不是赚钱的工具。如果中国企业家能做到视员工为家人，社会一定能够和谐。"

大爱无疆，管理"以人为本"，于东来想到了，也做到了。他在一次演讲中说："胖东来这个企业20多年走来一直是在传道，最初的时候我想着对大家好，大家过得幸福一点儿；大家再去对员工好，员工过得幸福一点儿；员工再去对顾客好，顾客过得幸福一点儿，社会也就更美好了。"

胖东来一开始就清楚，企业发展过程中不能忽视员工的幸福感，要做一个幸福企业。对企业而言，它要高效率、高效益、可持续发展；对员工而言，既能获得薪酬，又能获得心酬。薪酬指的是员工获得合适的工资，心酬指的是员工获得幸福需求的满足，感受到爱与自由。

幸福的企业能够使大多数员工感受到：工作是一种美好的、幸福的享受，对企业充满满意度和忠诚度，员工自己也会具有强烈的主人翁意识。

### 04 人性化管理正向循环模型

与其他零售企业相比，胖东来在劳动时间和非劳动时间上的做法特别反行业共识。

胖东来一直想方设法地给员工放假。在胖东来每周二必须要休息，甚至除夕到初四这段时间，其他零售企业都认为这是可以赚更多钱的黄金周，胖东来却关店放假。

不仅仅是放假，胖东来还要求员工每周必须给父母打电话、必须陪父母吃饭一次。

放假期间胖东来要求员工出去旅行，不仅要在国内旅行还要到全世界旅行，甚至自发组织员工去旅行。胖东来设想未来员工有一半的时间是在放假，而不是在工作。

胖东来在当地的零售行业中，品牌定位是比较高的，所以产品溢价高而且都是一二线品牌。但老百姓依然会去胖东来消费，最主要的原因不仅是产品的功能，更是胖东来在消费的过程中不断地给顾客提供的认知价值。这也是为什么胖东来提出要打造产品的博物馆和商业的卢浮宫，就是在满足了顾客的基本诉求之后满足认知和审美的诉求。因为本地的顾客对于外界的了解并不多，来到胖东来就是寻求可靠的产品和服务。

例如有位大妈要买一条金项链送给儿媳妇，胖东来的服务人员因为经常到全国各地旅游长了见识，她根据大妈儿媳妇的工作性质、生活习惯以及爱好、审美帮大妈判断，告诉大妈因为其儿媳妇是教师不适合戴金项链，更适合翡翠。这个员工去过云南，对翡翠很了解，跟大妈如数家珍地介绍翡翠的挑选和搭配。如果胖东来的商场没有合适的，员工会推荐顾客到别的地方购买。

胖东来给顾客带来的不仅仅是消费的成果，还在这个过程中传递了商品的知识甚至历史，让顾客有认知的快感。而这一切都是员工在非劳动时间去自发地学习和创造出来的。

从这个角度来说，胖东来做了跟其他商超完全不同的组织建设。

于东来提出了"能干会玩"的口号，要求员工既要有专业的能力，同时又要会玩，在玩中学，学中干，从而不断地积累沉淀，最后把员工打造成一个完完整整的人。

很多企业家可能会把员工当成工作人，但胖东来是把员工当成一个完整的社会人，既有工作的部分又有生活的部分。这种人性化管理的结果是，员工会在生活中学，并把所学用在工作中，在这个过程中，员工获得了知识的增长和自我价值的实现，这种自身成长反过来又促进了企业的成长，形成了正向循环。

### 05 打造幸福企业

胖东来还是在做超市吗？

它已经把自己定位为文化的践行者和传播者、商业价值的布道者。

任何企业文化的落地，都需要机制，需要思想的引导、制度的保障、流程的衔接以及监督的纠偏等，任何一个环节出问题都容易出现文化和行为"两张皮"的现象。

胖东来迄今为止的发展，源于于东来的个人魅力，源于他身边那些人长期耳濡目染后的身体力行。从于东来的系列会议纪要中不难看出，其对企业文化的焦虑，这恰恰说明了企业制度需要进一步完善。

其实，要求与实际有着巨大的鸿沟。正如老师或者家长都希望孩子能考上名牌大学一样，要求并不等于实际。当企业规模小时，尚能通过耳提面命的形式进行落实，但随着企业规模的不断扩大，就需要文化机制来保障。

华为、谷歌等"大厂"生机勃勃，原因就在于有着完善的文化管理机制。譬如华为，其员工的高待遇在中国几乎家喻户晓，但只冲着高待遇去的员工，基本无立足之地，因为华为崇尚的是"以奋斗者为本"。

企业存在的意义有两个：一是为社会创造幸福，二是为员工创造幸福；其核心文化和典型特征是"以人为本"。幸福企业有五项标准：快乐工作、共同富裕、共同发展、受人尊敬、健康长寿。显然，胖东来已经很好地做到了前四项，第五项还有待检验。

一组统计数据显示，近年来，中国企业员工的任职时间越来越短，离职率越来越高，已从平均 6% ~ 8% 增长至 14% ~ 20%。在职员工中，73% 的员工刚从前一工作单位辞职，24% 的员工已经换过 3 个以上的工作岗位，22% 的员工有可能在加入公司的第二年就离职。

其中，离职率升高的原因之一是：员工幸福指数不高。缺乏幸福感，是造成企业人才流失和员工离职率居高不下的主要原因。据调查，国内仅六成企业重视员工幸福指数，然而这六成企业的员工幸福指数平均分数也仅有 60 分左右，从这个角度来说，中国企业正面临着前所未有的"幸福危机"。

幸运的是，胖东来通过自身的理念和实践，很好地诠释了幸福企业的定义，也给出了一套可操作的方案。

零售业是一个既实在又充满温度的行业，胖东来所呈现出的实在与细节，所呈现出的员工与顾客的状态与愉悦，是零售业的核心价值与灵魂。

胖东来是中国商业中的一朵奇葩，于东来是中国商业中的一个奇才，其管理中有很多经验与理念值得大家学习参考。

# 第三节　顾客服务铁三角

顾客到一家商场去消费的底层逻辑是什么？安全感。

胖东来为什么能吸引那么多顾客？其实就是它能给予顾客安全感。

胖东来的无理由退换货规定：只要顾客觉得不满意就可以无条件退货；如果顾客买到的生鲜食品不好吃，可以无条件退款；如果买贵了，还可以退差价。

胖东来的数百项免费服务包括免费送货、免费维修、免费干洗、免费直饮水、免费宠物寄存、为外卖小哥提供免费餐食……如果胖东来收错钱，东西就免费送给顾客。

胖东来的服务投诉奖励机制有：顾客只要对服务不满意，投诉就奖励100元，后来更是把奖励标准提高到500元。

这些服务，经过时间的沉淀，构成了胖东来顾客服务的铁三角——不满意就退货、免费服务、顾客投诉处理。它们给予了顾客充足的安全感，最后形成了顾客的高忠诚度。

## 01 极致服务的两个关键点

胖东来除了管理制度的精益化，门店服务方面也做到了极致化。

胖东来的极致服务实在让人挑不出毛病。这里的厕所不只分男女，还有为小孩儿、老人单独设立的卫生间，里面护手霜、洗手液、梳子、擦手纸等，一应俱全。还有专门的育婴室，给哺乳期的妈妈带来了方便。另外，还准备了婴儿摇椅，给忘带手机的人配备了应急电话，手机没电了充电宝免费用。如果结账时发现钱没带够，营业员帮你垫上。想吃的零食超市没货，留下地址，第二天免费快递到家。买到坏果，哪怕已经被你全部吃完，500元赔偿金照样拿去！在这里，退货真的是不计损失、不问理由的。你在这里买一个果篮，哪怕吃得只剩下一个苹果，只要你不满意，胖东来随时全额退款。

曾经国内金价暴跌，只要在胖东来买的首饰，来，我给你补差价。不小心碰倒了货架上的红酒，胖东来不在乎酒的价值，只关心你有没有受伤。皮具护理、手表维修、首饰换新，只要你送过来，统统免费。

除了这些，胖东来还是出了名的"有诉必赏"。投诉服务人员，上门认错加现金补偿。

满足顾客的真实需求，细节是服务的一方面，专业则是不可或缺的另一方面。细节化和专业化是极致服务的两个关键点。

零售业看似技术门槛低，实际上空间布局、商品陈列、物品种类属性、商品使用方法等深究起来都是专业学问，只有对应着提供专业的服务才能解决消费痛点，满足顾客的真实需求。

为了提供专业的服务，胖东来尽量将操作标准规范化和流程化。2008年的时候成立了实操标准小组，为各个部门的工作岗位制作了详细的操作手册和视频，主要包含超市部、服饰部、电器部、珠宝部、医药部、餐饮部、时代广场和百货部的136个岗位。比如，小家电操作手册用62页内容对小家电的卫生标准、工作流程、服务流程、销售管理（包含订货流程、进货验货流程、销售服务流程、退换货流程、盘存流程等）做出了详细说明，流程化、规范化意图明显。并且胖东来要求所有员工都应尽可能地丰富商品知识，从原材料生产到使用方法都能为顾客详尽讲述，比如该如何选购微波炉、怎样使用微波炉等。

胖东来的商场内部处处都有商品的介绍牌，指导人们了解商品的来源、种类、特性以及正确使用方法。如于东来所说，要将胖东来打造成"商品的卢浮宫"，这不仅起到了专业化服务的作用，更能达到教育顾客的目的。比如，大多数许昌的顾客并不知道意大利面的地道做法，胖东来会在商品介绍牌里贴心提示其做法。

久而久之，胖东来等于服务好的观念就在顾客心中形成并且扎根。

## 02 用好的心态把不好的事情变好

如何处理顾客投诉，是一家企业服务水平最直接的体现。那么，胖东来是怎样处理顾客投诉的呢？

首先，在态度上，胖东来有明确的要求。遇到顾客对处理结果不满意，先热情接待，把顾客服务好，然后要马上拿出让顾客满意的解决方案，要坚信顾客不会无故投诉；其次，有一套规范的制度和流程，从方法上保证了员工处理顾客投诉的质量。

处理客诉的品质有了，顾客信任了，业绩自然就好了，效率也提高了。企业就能得到更多的信任、更好的发展，客诉处理就形成了正向循环。

更为关键的是，胖东来把正向循环的结果和全体员工分享。效率提高了，就压缩了工作时长，可以给员工更多的假期，提升员工的生活品质。

把不好的事情做好，这是胖东来很独到的一项本领，而好的员工心态是做好这件事情的关键。

怎样才能让员工有好的心态呢？于东来的解决之道是"给员工提供更好的福利，让员工轻松一点儿去生活"。这样员工才能专注地做好品质，因为员工心里有爱，对待工作会更专心、尽心、用心、开心，自然就会有健康的工作状态。

而好的心态、快乐工作是把工作干漂亮的一个重要因素，特别是客诉工作。

处理客诉是服务的重要环节，购买商品后遇到问题及时解决才算是给顾客的体验画上圆满句号。和线上相比，实体店退换货流程复杂许多，顾客屡屡面临着"退货难"的困境。

在商场买到不满意的商品，顾客第一时间找到营业员退货。由于营业员的奖金与销售业绩挂钩，为避免减少收入，营业员会找出各种理由拒绝顾客退货，基本采取能换则换、能修则修的处理方式。若顾客坚持要求退货，营业员只能搬出"您可以去专业机构鉴定""要不您咨询消费者协会"等各种借口。买时笑脸相迎，退时面露难色的"双标"操作大大降低了顾客的购物体验，使其不敢放心地在商场购物，转而投向电商的"怀抱"。

反观胖东来，早在1999年就做出"不满意上门退换货"的承诺，2005年推出"顾客投诉奖"等。通过这些服务，胖东来将人人都怕的客诉变成了企业进步的动力，力争让每一位顾客都能满意、快乐。

处理好客诉不是服务的终点，而是服务的起点。真心与真情无价，每次完美的客诉处理都会让顾客对企业更加信任。如果顾客还有其他需求，可以通过留言簿、微信公众平台、打电话、微博留言等方式表达，胖东来会第一时间做出回复，并且给出让顾客满意的答复。

这样的胖东来当然会让顾客流连忘返。

### 03 不断地服务创新

胖东来的优质服务可以看作一种变相的补贴，既是对广大顾客的感恩和回馈，同时又成了吸引顾客的强大武器。它的服务创新可以归为以下五类。

**一是，不满意就退货。**

在胖东来所有的服务里，"不满意就退货"是一大特色。所谓"不满意就退货"就是"无理由退货、无条件退货"。顾客不管是对在胖东来购买的商品的颜色、款式、质地、价格等商品特征不满意，还是出于自身原因想退货，在商品售出3天内来退货，胖东来不问原因马上办理。

**二是，理性消费。**

胖东来不鼓励顾客大手大脚地花钱，而是倡导理性消费。近年来它减少甚至停止了各种促销活动，以免顾客盲目购买打折物品。胖东来的珠宝柜台上方有一则温馨提示：理性消费更幸福。下方用小字注明：胖东来提醒大家根据自己的经济情况，理性选择，不要承担不必要的经济负担，把钱用在更实用的地方。

**三是，补退差价。**

胖东来的另外一项深得民心的承诺是"七日内商品正常调价，给予退差价"。

**四是，投诉奖励。**

对于顾客的投诉，胖东来不仅不反感，还给予鼓励和奖励，为此专门设立了一个500元的顾客投诉奖，经当天的值班经理核实确认后，发给顾客500元作为投诉奖励。

**五是，缺货登记。**

凡是在胖东来买不到的商品或者紧急需要的商品，顾客可以拨打急购热线。胖东来负责在全国进行信息查询，尽快采购货品，哪怕去对手店里买，也不让顾客失望。

很显然，"服务好"是胖东来的一张名片，而擦亮这张名片的关键是其不断地进行服务创新，就像其免费服务都扩展到了 100 多项那样。为什么胖东来能做到不断地创新？

商超的标准化程度相对较高，各岗位都很容易制定标准化操作流程，难点在于是否有贯彻执行标准的员工，而员工是否尽心尽责又很大程度上取决于企业的激励制度。胖东来对员工的激励十分到位，薪酬加心酬，让普通员工乐于执行胖东来的一切文化和管理制度。

胖东来根据员工的实际能力和经验给予差异化待遇，根据一套合理的竞聘制度选贤任能，而这建立在一套完善的员工评价体系之上。

胖东来将一线员工和后勤员工按照一定标准划分为五个星级，并公布"星级店员"评定绩效表，每位员工都能实时找到自己与星级目标的差距并及时补足，同时在网上公示各类岗位的星级评定成绩，公开透明化评选活动，收入也是建立在星级评价的基准之上。

此外，胖东来在课长、课助级、处长、店长等各职位晋升上都制定了相应的竞聘体制和流程，从而给员工提供了合理的晋升通道，以激发员工的工作积极性。

## 04 建立在好商品上的好服务

"服务好"，是胖东来的一张名片。但在一些熟悉胖东来的人看来，用"高价"商品筛选顾客，才是胖东来提供优质服务前的核心操作。

要理解上述逻辑，需从胖东来的运营思路及客群结构说起。

胖东来经过了三个阶段的经营理念调整。在创立初期，胖东来主张"贴近普通百姓、满足工薪消费"；到了发展中期，调整为"引领时尚潮流、提升大众品质"；现阶段来看，胖东来则将"引流商业，让城市更幸福，主打爱和自由"作为理念宣导。

这意味着，胖东来实际上确立了提升所在区域商业品质定位的目标，其客群结构及功能定位也就愈加明确。

以许昌市为例，胖东来的目标客群主要可以分为两类：一类是月收入4000～5000元及以上的中高收入人群；另一类是月收入3000元左右的民生客群。参考许昌市2020年人均可支配收入26935元这一数据可以看出，其居民月均可支配收入约为2244元。

胖东来对上述两类客群做出精准定位。中高收入客群能够支撑胖东来整体门店定位，有能力为高品质商品及一线品牌、新品等商品买单，并且贡献利润。而民生客群也发挥了为胖东来贡献口碑、销售量及消费民生商品等功能。

到胖东来购物的顾客，有钱、没钱的都有。真正贡献购买力的大概率是收入在四五千元及以上的中高端客群，称赞胖东来的更多是民生客群，因为他们享受到了中高端卖场才能享受到的顾客关注度、公共设施、细心服务等好的体验。

也就是说，胖东来在许昌市实际上是做出了中高端超市定位，但没有放弃民生客群。它将高消费力人群与价格敏感型顾客有机结合，使其发挥了不同效用。

比如，胖东来每日销售的水产、肉类等生鲜商品及熟食加工品，会在晚间 7:30 左右开始出清处理。商品品质并无问题，但售价会低到六至八折。

由于客群分层，胖东来一方面可以借助价格敏感型客群提升整体销量、扩大客群基础，同时减轻损耗压力；另一方面，中高端客群的存在，也使胖东来避免出现顾客不在正价时段购买的情况，从而减少毛利损失。

为了将商品体验做到极致，胖东来还将触角延伸到了商品流通的上游层面，甚至渗透到生产顶端，其茶叶、药品、黄金、家电、服装等商品成为当地和周边人们有口皆碑的放心商品。胖东来提供的茅台酒，许昌及其周边漯河、周口、平顶山等地区的顾客与集团顾客分外青睐，因为真牌真品，品质和安全均有保障，周边顾客纷纷舍近求远，到胖东来采购。

另外，胖东来还通过开发自有品牌的商品，保障商品的品质和安全，提升商品的性价比，以此适应更多群体的不同消费需求。

在商品销售管理的过程中，胖东来更是通过新鲜度管理、靓丽的陈列布局、完美的售后服务为商品倾注魅力，使顾客在购买过程中始终处于轻松、快乐、信任、幸福的心境之中。

胖东来为什么能让顾客流连忘返？秘诀其实很简单：建立在好商品上的好服务。

### 05 服务是体验时代的利器

其实胖东来能做到的，每家企业都能做到，只是想不想做、用不用心做而已。

比如，看到老人拎着重重的大米，你的员工能不能帮他拎到商场门口的公交车站？绝对能，但是你的员工不一定去做，而胖东来的保安都会去做。胖东来是非常接地气的一家企业，就是一些普通人做的普通事，只是他们把普通事都踏实用心地做出来了。

再比如，你的员工能不能把自己工作区域的地面打扫干净？绝对能，但是你的员工不一定去做，他可能觉得这只是个工作的地方。而胖东来的员工会把商场的地面当成自己家的地面，打扫的时候甚至会跪在地上擦、趴在地上擦。在胖东来，经常能看到这样的场景：两个保洁阿姨一个跪在地面上擦地，一个在旁边用扇子扇风，将地面扇干。两个人说说笑笑，很开心。

是公司要求她们这样做的吗？

不是。从公司管理制度和考核标准上可以看到，胖东来真的没有要求她们这样做，但她们把胖东来当成了家，就像对待自己家一样对待自己工作的场所。

很多超市的手推车里难免有烂菜叶、废纸片、结账单等。然而，在胖东来，你看不到一辆手推车里有任何的不干净，它们锃亮、整齐地摆放在超市入口，看着都赏心悦目。是那些超市做不到给手推车做清洁整理吗？能，但是就不做。

随着电商的普及，很多传统商超都恐惧焦虑。其实，在很多发达国家，电商营业额占据消费总额的比例也不过 10% 左右，毕竟人还是社会动物，不能总是在家待着不动。未来的网店也还是会发展线下实体体验店的，顾客买东西还是希望有实体感受的。只是未来网店的线下实体体验店，更注重顾客的体验。

因此，未来的店面销售不再是推销员，而是首席体验官。许昌一定有很多人喜欢网购，但是仍然有许多人，包括年轻人，喜欢到胖东来消费和消遣，因为胖东来给顾客的体验是令人感动和难忘的，甚至是震撼的。所以，不是电商给我们的冲击太大，而是传统的商超自己没做好。

花总是绽放在细枝末梢处，服务中动人故事的发生实际上是服务质量不经意的自然体现，正如绽放的花朵一样，服务才是体验时代让顾客走进卖场的理由，胖东来让服务之花绽放的铁三角逻辑值得企业深思。

# 第四节　顾客全面体验管理

在产品同质化较高的今天，体验经济变得流行起来，体验开始超过价格和产品，成为顾客做出决策的主要因素。

随着我国经济进入高质量增长阶段，企业的经营方式已转变为精细运营，不断增长的需求促使企业将顾客体验升级到顶层设计。

胖东来之所以能够赢得顾客的心，不仅是因为其商品和服务质量高、专业性强，还有其肯舍得、有境界、有高层次的全方位的匠心经营。一句话就是能够做到把顾客体验放在第一位。

## 01 核心竞争力：顾客体验

互联网时代有三个基本特征：开放、体验、扁平。如何构建优质的顾客体验将成为所有商业存在的基础，包括实体店。那么，胖东来在顾客体验的构建上，有哪些与众不同之处呢？

**顾客体验的第一点：开放。**

在胖东来，你会看到两类人群：一类是购物的顾客；一类是前来参观学习的拍照游客。

一般来说，如果你拿个单反相机去超市和购物广场拍照，可能会被制止、会被劝离，甚至会被当成商业间谍被保安带走。至今，很多一线城市的企业也做不到以开放的姿态让所有人拍照，但位于河南三四线城市的胖东来做到了。

通常来说，企业的资料都怕被泄露。而胖东来，却把自己的资料，无论是文化或标准手册还是视频资料，全部公开。你到胖东来考察，员工可以陪你聊天，只要他知道的，一般都能够做到和盘托出。

胖东来这种无私的开放，不仅符合今天互联网时代的精神，关键是，它可以为顾客创造优质的体验。

**顾客体验的第二点：产品。**

在胖东来所有的电子屏幕上，播放的都是特意为顾客查找的趣味短片、新闻联播，抑或是宣传胖东来企业文化的 VCR（短片），任何其他商业广告都被禁止播放。店内可用于张贴广告的墙面，都是相关产品的普及性知识介绍。如售卖洗衣机的店面旁，你会看到一面从世界第一台洗衣机的诞生到目前洗衣机在全球发展状况的"历史墙"。另外，胖东来时代广场还从全国各地搜罗来一批被典藏起来的历史旧物供顾客参观，比如在电子产品区域，就设有手机、单反机身、镜头等展示区。在产品的摆放上，无论你何时去，都会感觉有人在喊向左向右看齐。

**顾客体验的第三点：免费。**

我们知道，海底捞在服务顾客时会有很多的免费项目，胖东来也是如此，如免费裁衣服、免费维修手表、免费维修电器等。胖东来的很多免费项目，从 20 世纪 90 年代就开始实行了。即使你的东西是在其他店购买的，也可以享受胖东来的免费项目。

**顾客体验的第四点：解决后顾之忧。**

商场购物，最怕有质量问题，但在胖东来购买的东西，7 天内无条件退货。

在胖东来的电影院，如果你对影片不满意，可以在结束场次后的20分钟内退票。

## 02　"极致场景"体验

胖东来不仅对员工大方，对顾客也很慷慨。

门口和停车场入口处摆放有自助宠物寄存处，提供动物饮用水、排便袋，以及急救铃；遍布各个楼层的自助饮水机，随需随取；母婴室内婴儿床、温奶器、饮水机、消毒柜、小冰箱、洗刷工具等，宝妈需要的物品，几乎都有考虑到，堪称"小型月子中心"；卫生间配置了高品质的洗手烘干一体机，梳子、棉签、护手霜、发卡等一应俱全；自助充电宝30分钟内免费使用；提供针对不同人群的购物车；停车场打造成智能静音车库；坚持不卖假货，不满意无理由退货；卖场购买不到所需的商品，留下联系方式，胖东来给你单独采购……

河南大雨期间，一些顾客被困胖东来，商场不仅持续为所有顾客提供免费的餐食、饮料，甚至连婴儿纸尿裤、卫生用品等顾客可能需要的物品都免费提供。

于东来曾说："把顾客当家人。""我们不是把商品销售给顾客，而是把幸福传递给顾客，让顾客享受商业之美和艺术之美。""我要把胖东来做成商品的博物馆、商业的卢浮宫。"

热水器区，甚至像科技馆一样把整个热水器的工作原理图呈现给顾客；摄影器材区，不仅有单反机身、镜头等展示区，还有一整面墙的示范照，教大家怎样去拍照……

蔬菜和食品不仅被清理得干干净净、码放得整整齐齐，还会标出产地、甜度、烹饪方法、食用禁忌等信息；买海鲜的时候还会帮顾客控干所有水分，绝不占顾客一分钱便宜；怕弄脏、冻伤顾客的手，为顾客提供一次性手套、防冻手套等小细节更是不胜枚举；大众服装区竟然直接将产品的进价、加价率都一五一十地写了出来，这在国内非常少见。

不计成本地投入，胖东来打造了一个极致体验的空间场景，可以说"你想不到的它都给你想到了"。

所有的区域，人、货、场都是干干净净、有条不紊的。

当你进入胖东来的门店时，会觉得这里亲切可近。

这样的极致场景让胖东来深深地赢得了顾客的心，顾客自然会流连忘返。然而，这种现象的背后是什么？是舍得、是境界、是高层次的全方位的匠心经营，即有人总结的"修炼式"经营。

胖东来其实没啥秘诀，就是真正做到了把顾客放在第一位，围绕着商品和服务真真切切、脚踏实地地做、做、做，做到极致。

### 03 把商品体验做到极致

商品是商超的灵魂。我们应该从过去的营运误区中解脱出来，用我们关注的眼神，洞察商品的变化和诉求，为商品搭建一个理想的舞台，在那富丽堂皇的商品殿堂里，让它们尽情为顾客倾诉、同顾客交流、向顾客展现欢颜。

以顾客需求为核心，尽可能丰富 SKU（最小存货单位，即库存进出计量的基本单元，可以件、盒、托盘等为单位），并做出差异化、个性化，这是胖东来的商品理念。于东来在分享中提到，胖东来，首先是要保证民生，在此基础上提升时尚产品、个性产品，满足顾客的生活和时尚需求。

作为更了解本地顾客喜好的区域零售商，胖东来有一些显见的本地商品。比如，本地特色面食烩面、农家烙馍，本地特色熟食酱牛肉、焖子、凉粉。

顺应潮流的新品牌、新产品在胖东来也并不罕见，这也让胖东来十分不像三四线城市的零售商。此前有资料提到，当年某企业推出一款新的 Monster

（魔爪）功能饮料，胖东来立马上架，而当时在省会郑州甚至都很难寻觅到这款饮料的踪影。

于东来曾讲过这样一件事："商品的品类要齐全，有些东西如果我没有怎么办？我会去外边为顾客采购，甚至去对手店里买，也不会让顾客失望。最远的一次好像是一件单品用飞机空运回来的，当然这样卖一件单品是赔钱的，但是我愿意，因为我不想让顾客失望，我们做商业的就应该有这个责任去满足顾客的愿望。"

胖东来的一名普通员工在自己的学习笔记里这样解释了专业能力："专业能力，不是死记硬背不灵活的百科，而是因为喜欢去主动了解商品的季节性、上市时间、口感、食用方法、营养价值、加工方法等，专心地了解后再分享给顾客。我们员工不应该是搬运工，不应该只是规规矩矩地把手头的事重复性地做好，而应该发挥出创造力，主动思考如何变动会有提升，哪怕是微不足道的小细节。"

这样运作商品再加上这样卖商品的员工，胖东来能不牛吗？

## 04 站在顾客的角度发现问题

顾客反映豌豆糕里面的柿饼含量太少了，吃起来口感没有那么好！可能大多数企业或大多数人认为这是一种正常现象，算不上问题；但在胖东来，这是一个天大的问题，因为这关乎顾客的购物体验、顾客的权益、顾客的信任，也关乎企业的形象。

在胖东来，这类问题的处理方式一般是这样的。

首先，会和供应商沟通，加大柿饼的含量配比，按定制要求去做！以商品品质取胜，而非杀鸡取卵的低价做法，这就是胖东来的品质，就是与市场有差异的地方！

其次，会根据单品的销售表现做个性化处理，可以同时提供两种方案或产品，以便更好地满足顾客的需求。

最后，在与供应商沟通的过程中，引导他们朝着更好品质的方向上走。比如有一家店，食物很好吃，每天都卖得很好，胖东来会买回来做对比，帮助供应商进一步提升口感。

这类从顾客的角度发现问题，进而提升顾客体验的案例在胖东来举不胜举。

案例一：顾客买了新品种的红薯回去煮粥，发现不好吃，通过电话反馈。

胖东来经过查询或询问商家之后得知，原来适合蒸着吃。立即在卖场增加了顾客提示，说明此商品的最佳食用方法，并且以点带面，探寻其他商品是否也有类似的情况。

案例二：顾客准备买某个封装好的商品，发现太多了吃不完会造成浪费。

胖东来立刻增加一些中小规格分量的商品，并且用跳跳卡提醒顾客，如果需要小分量的商品，可以将需求告诉员工。

案例三：顾客买了饺子皮回家包，发现皮都粘在一起了。

胖东来对此问题进行分析，寻找并更换其他不造成挤压的封装盒，让员工隔段时间进行排查。

关于胖东来的体验感，网络上已经有很多信息，胖东来除了在业务层面做了全面的顾客体验管理，最重要的是在组织层面打通了与业务层面的衡量指标，与业务部门形成共振，进而打造出商业闭环。

在胖东来，跟顾客接触最多的是一线服务人员，而胖东来跟顾客进行反馈并没有用现在行业推崇的数字化或者算法，而是完全由人执行的。所以胖东来是靠品牌跟人的互动关系不断向前发展的，让顾客从陌生人到熟人到朋友再到家人的四个阶段不断递进。这其实也是顾客跟品牌进行良性沟通的一个基本框架。

从数据看，许昌核心区的人口大概 30 多万，平均每个家庭每年会在胖东来消费 5000 元左右，说明大家的复购率非常高。胖东来不仅把体验作为营销手段，更是将其贯彻到了经营和组织中，包括采购、选品以及售后服务等在内的全面体验管理。这是胖东来和其他零售企业最大的区别。

## 05 让顾客快乐

"不要把顾客当上帝，把他们当家人。"于东来经常这样告诉员工，因为你可能不了解上帝的想法，但你一定了解家人的想法。

他常常让员工换位思考：你们是员工，同时也是消费者，你们的家人也是消费者，你希望你自己、你的家人在购物时享受什么样的服务，你就应该提供什么样的服务。

让顾客快乐地购物，是胖东来一直以来的愿望和追求。

山西阳泉的郭女士，有一次到许昌出差，在胖东来时代广场买了一瓶香水，回家后作为礼物送给了朋友。朋友打开后发现瓶子里竟然是空的，郭女士很愤怒，随即联系了胖东来。令她没想到的是，第二天胖东来的员工来到阳泉，给她送来了鲜花礼品赔礼道歉，并赔偿损失。

为了达到让顾客快乐这个目标，胖东来总会站在顾客的角度考虑。

胖东来极少做促销，它的理念是"平常把价钱做到合理的低价就好"。于东来认为，搞促销，有些人贪便宜，买了一大堆用不着的东西，实际是一种浪费。平时把价格做到实处，就是帮顾客省钱。

专家学者对商品零售业提出了很多理论，在胖东来，一切都很简单：对于普通顾客来说，他们的需求就是货真价实的商品、良好的服务，只要把这些做到实处，就足以给顾客带来愉快的心情。

一个下雨天，一位来自禹州鸠山的顾客在胖东来禹州电器店买了一台彩电，要求当天送货。鸠山一带是山区，煤炭资源丰富，平时由于拉煤车较多，每到雨天就满路泥泞。为了让顾客满意，胖东来还是安排车辆当天送货。车行至距顾客家1公里处陷在了泥泞中，再也开不动，司机硬是背着彩电送到了顾客家。由于该处没有信号，这位司机又走了2.5公里往公司打电话汇报情况。公司的人员赶到时，看到的是满身泥泞的司机师傅瑟缩在汽车一角。

很多顾客在被胖东来员工发自内心的主动、热情感染的同时，也在思考它是如何让员工抛掉对工作的应付态度，去主动、快乐地服务的？

很多人首先想到的是胖东来的高工资、高福利，调动了员工的积极性。

对于高工资，于东来有自己的理解："你要是工资开得太少，员工连最基本的生活都没有保障，那么他们会有未来吗？"

这是于东来的想法，但高工资并不是他对员工定位的所有内涵。

"员工工作不仅是为了挣钱养家，也是为了使自己的人生更加快乐。"这才是于东来深层次的理念。

他的理解很简单：想让员工好好工作，先把他们的生活解决好。如果员工自己都不快乐，又怎么能让顾客快乐？

这个道理并不高深却值得深思。

## 第五节 极致的细节放大服务力和体验感

胖东来向顾客表达爱的方式有很多，其中的小细节最打动人心。刚擦过的地面上有残留的水渍，保洁人员担心顾客滑倒，会拿着特制的扇子第一时间将地面扇干；服务员百问不烦，任何问题都可以随便找一位服务员进行询问，即便对方不知道也不会给顾客冷冰冰的否定答案；在微博、贴吧等非胖东来官方的网络平台上，顾客提出的建议或投诉的信息下，总会出现胖东来的官方回复，并请顾客留下联系方式或让顾客主动联系他们。

胖东来的细节服务数不胜数，看似简单的细节实际上是依靠强大的企业文化支撑的。这些细节像是窗口透出的点滴光亮，而撑起这些光亮的是背后强大的光源——对顾客的重视、对员工的关爱。

### 01 把每一个细节都做到极致

商品极大丰富的时代，顾客总是挑剔的，如何让每一位顾客满意呢？

胖东来不仅会满足顾客的基本需求，还会千方百计地满足顾客的超常规要求并且为他们提供增值服务。这里举两个小例子来说明。

一次，禹州电器部的安装工到顾客家安装油烟机，安装完毕后，顾客说："兄弟，麻烦帮忙把电源线拾掇拾掇，还有那个水龙头也帮着修修吧。"这位安装工出去买了双面胶，又买了线槽，按照顾客的要求，把所有的问题都修理妥当，顾客高兴地说："以后我买电器都去胖东来。"

胖东来的水果区设有免费削菠萝皮的服务，每到菠萝上市的季节，顾客排队等着买菠萝，排队时间长了难免焦虑。此时，胖东来的营业员就会一边削着菠萝皮，一边给大家介绍菠萝的专业知识——营养丰富、美容减肥，顺便还介绍哪几种水果可以做沙拉吃。这样的聊天不仅缓解了顾客排队等待的焦虑，还让顾客学到了实用的知识，可谓一举两得。

俗话说，世上没有免费的午餐，但是在胖东来，这句话就要打上问号了。在胖东来，顾客可以享受到诸多免费项目，更让人惊讶的是，即使你的电器、鞋子、衣服不是在胖东来购买的，同样可以享受这些免费"午餐"。

胖东来的企业理念中有这样一句话："遇事要抱吃亏态度，不要急功近利，要从一点一滴的小事做起。"让顾客满意是至高无上的原则，哪怕是自己吃亏，胖东来人也舍得。

一个炎炎夏日的中午，一位老大娘和她的孙女气喘吁吁地来到服饰部的收银台，说上午买东西时多收了她10块钱。值班经理和老大娘的孙女以及收银员一起到监控室查看了录像，录像显示没有多收，但经理仍然让收银员拿了10块钱给老大娘并向老大娘道歉。经理对收银员说："就算是老大娘记错了，可主要原因还是咱的唱收唱付工作没做好。天这么热，这10块钱就当是给大娘的车费了。"看着老大娘满意地离去，收银员理解了经理的良苦用心，更明白了公司一再提倡的"你心我心，将心比心"的意义。

很多商店，营业员在顾客选购东西时都和颜悦色，但如果顾客挑了半天都不满意，营业员有时就会甩脸子。然而，在胖东来，不管你买与不买，营业员始终笑容满面。

曾经有位女顾客带着孩子来挑学习桌，营业员安装了两个样品给她看，她才满意，付了钱之后她接到一个电话，又反悔说不买了，要带着孩子去朋友家。虽然忙活了两个小时，但营业员没有任何不快和抱怨，当即帮顾客把钱退掉，还顺带给哭闹不休的小男孩买了冰激凌。不到一个星期，这位女顾客又到胖东来把桌子买走了。都说"买卖不在，仁义在"，其实，只要仁义在，买卖总还会再来。

除了超值的服务，让顾客流连忘返的还有胖东来干净、优美、整洁的购物环境。有人这样解释胖东来的扎堆现象：连地面都是锃光瓦亮的商场，你叫我们怎么能不扎堆？

走入胖东来的购物中心或者超市，有两个现象在其他卖场很难看到：一个是营业员时不时地揩拭自己的柜台玻璃，另一个就是走哪儿都会遇到一两个保洁员在通道卖力地擦地，那股认真劲儿就像给自己家打扫卫生。胖东来对环境卫生的重视并非只做表面文章，从地下停车场到顶楼，从商场卫生间到消防室、电工配电室，从办公室到娱乐中心，要求不留任何死角，所有地方都必须干干净净、整洁有序，不亚于五星级酒店的卫生标准。

这也意味着巨大的人力和资金投入，胖东来的地板那么亮，是拿真金白银和汗珠子换来的。以营业面积23000平方米的许昌生活广场为例，单单保洁人员就有100名，他们分为上午一班和下午一班，轮流维护商场的环境卫生。晚上打烊后，还会有几十个人做清洁保养，他们会拿着小毛刷，慢慢地、一点一点地刷洗。

可以说，胖东来把每一个细节都做到了极致。

## 02 放大服务力和体验感

胖东来的服务，给人更多的是一种平淡细腻的感觉。它存在于那一声声亲切的家乡话中；存在于干净得能够充当镜子的地板中；存在于永远看不到污垢的卫生间和洗手台中；存在于冬天贴心提供的热的洗手水和饮用水中；存在于商场内部充足的休息区中；存在于那永远是几乎全开的收银台中；存在于那轻松舒雅、精心挑选、让你不自觉放慢脚步的商场音乐中。

胖东来的服务不胜在夸张，胜在细节和持续。若是说起在胖东来难忘的经历，怕是每一个许昌人都能津津乐道地给你讲上一整天。

（1）胖东来的购物车多达 7 种，分别满足儿童、老年人等不同人群的需求。

（2）胖东来的一些售货架上配有放大镜，以满足老年人的需求。

（3）针对儿童挑选物品够不到的问题，专门准备了儿童取物框。

（4）胖东来几乎所有的水果、蔬菜均标明了供货商以及产地，部分水果还会注明存放方法以及合适的食用时段，有些水果还贴心地注明了甜度，方便需要控糖的顾客挑选。

（5）春节期间，大额购物后会有专人将商品运送到车上，你的车停多远，那人便送多远。

（6）在胖东来购物后，补差价的时间实际上并无定数，有时可长达 20 天。

（7）胖东来会在雨天时为自行车、电动车座套上塑料袋。

（8）在胖东来购买卫生巾、计生用品等私密商品时，收银员会使用不透明塑料袋单独包装。

（9）胖东来真正践行"不满意，就退货"。退货商品不限于服装、电器，甚至还有水果、电影票，现在又推出了上门退货服务。

于东来曾自豪地说："我们的店不光在中国是一流的店，即便拿到东京，拿到新加坡，同样是一流的店。"

这并非豪言壮语，而是事实。

在胖东来购物，你并不会感受到各种扑面而来的周到服务。一切皆在细节之中，需要你花时间细细感受。在这里，你感受不到任何压力，只需安心消费，因为你在这里不会再有任何其他事可做，胖东来都已经为你做好了。

这些极致细节不断放大着胖东来的服务力和体验感。

### 03 感动顾客，细节取胜

在一个成熟的商业环境中，当商品和价格的差异性越来越小的时候，细节就显得越来越重要，特别是服务业。胖东来的核心竞争力绝不是低价，最重要的是它的服务带来的附加值让顾客在购物的过程中体验到了愉悦感。

于东来相信小而美，要将服务做到极致化。事实上，极致化是于东来对胖东来模式的思考，并深刻作用于该公司的发展规划。

胖东来有独特的公司文化、薪酬和考核机制，每位员工都在细节之处让顾客感受到温馨和关怀，甚至是感动。比如，保安会亲切地称呼顾客，将每一位询问或者购买购物券的顾客引至相应楼层。

扦裤边以及改衣服收费，停车看车收费，这些收费我们已经习惯，但胖东来这些全部免费。这些小事上的温馨体验，顾客都能感受得到。当把种种细节全面细致地展示到顾客面前的时候，胖东来做大做强就是必然的。到店顾客即获取了两种价值：一种是商品价值，另一种就是人文关怀。后一种价值在增加顾客忠诚度的同时，也降低了顾客对价格的敏感度。

在于东来看来，商品背后都是有工艺与文化的，胖东来有责任把这些告诉顾客，用专业能力来体现胖东来的价值。于东来是认可"灵魂产品"的，在他看来每一件商品都是有生命的、有思想的、有情感的、有价值的，所以必须要尊重商品，要把对顾客的爱、对自己的爱融入商品，这样的商品才是有灵魂的，才能更好地服务顾客、服务社会。

于东来有句口号："我要把胖东来做成商品的博物馆、商业的卢浮宫。"

胖东来做的是从前端的产品陈列到后端的采购管理，整个体系的全面体验管理，一层层通过马斯洛的需求层次理论跟顾客的体验发生关系。

第一个阶段是通过整洁温馨的环境、丰富的商品和合理的价格，满足了顾客生理的需求和安全的需求；第二个阶段是通过人性化的、完善的服务满足了顾客情感、社交的需求以及尊重的需求；第三个阶段创造一个商品文化的场域，满足了顾客求知、审美等自我实现的需求。因此，胖东来才能够创造出极致的幸福体验感，从而占领顾客的心智。

## 04 "极致"的源动力

胖东来除层级薪酬外，还会依据员工的个人绩效表现给予额外的奖励。

比如，引发网友热议的"500～5000元委屈奖"，不少网友表示："委屈奖都比我工资高""在这里工作的员工太幸福了""收拾铺盖卷，奔赴胖东来"。胖东来办公室回应："公司对员工设立委屈奖，意在鼓励员工做正确的事。"

每一分付出都有回报，这也是员工愿意去执行公司的各项制度、方针，愿意为公司创造效益的本源，因为公司的发展必将带来他们个人的发展，为公司创造价值就是为自己创造美好生活。

"高薪＋人文关怀"是胖东来获好评的重要原因，也是胖东来员工拥有极致动力的源泉。

胖东来普通员工的最低薪资标准为 5500 元，还会有 1000 余元的分红；胖东来创始人于东来秉持着"先对员工好，再对顾客好"的原则，自 2000 年以来一直在给员工发放公司股份，自己目前仅保留公司 10% 的股份，让员工有充分的"获得感"和"归属感"。在管理方面，胖东来更是人性化，在部分企业实行"996"的今天，它反其道而行，节假日关店休息，加班被抓到罚款。如此细致入微、体贴周到的员工待遇，结果自然不言而喻。

相反，如今一些企业为了利益，不断利用员工的"剩余价值"，让他们的付出与回报不成正比。有的企业还试图用"强盗逻辑"洗脑员工，宣扬"没有人的成功是靠双休"。不仅如此，在出台企业制度方面，有的企业只要高层觉得有必要，则立即出台，丝毫不考虑执行中对员工造成的负面影响。长此以往，企业和员工只达成了表面上的价值交换关系，员工难以认同企业的文化，最终双方只会背道而驰。逐利固然是资本的天性，但利益之外，也不能摒弃人文关怀。

"爱和自由"不仅是胖东来的企业文化，更是于东来一直提倡的。

于东来坚信："发自内心的喜爱高于一切，强制的规定只能换来服从，换不来真心，员工首先要做自己，而不是取悦顾客。"员工是企业文化的创造者、践行者，唯有企业以人为本，从细微处尊重和关爱员工，提升员工对企业的认同感和归属感，企业和员工才能真正实现"双向奔赴"，共同长远发展。

## 05 用细节构建品牌的温度与厚度

胖东来也十分注重对于员工尤其是一线员工的教育和培训，保证理论知识和业务技能的更新，传导更为先进的营销思维、用户理念、服务理念，帮助员工获得更好的提升，实现个人成长。

掌门人于东来对员工的教育非常重视。他提倡员工做有思想的人，经常对员工讲，生命是创造生活的主人；释放潜能、智慧和创造力，一定要选择好的梦想；不断进步、鞭策自己，让人生向轻松自由、乐观自信的方向前行；无论环境如何变化，永远做真实、简单、普通的自己；用自己的双手和智慧，打造自己热爱的环境和空间，让生命和自然属于自己，让更多人分享自己的美丽；虽然不能幸福所有人，但是可以幸福爱我的人及我爱的人，这样就是幸福；让爱我的人幸福，让我爱的人幸福，我自己更幸福！

同时，于东来也要求自己尽力让胖东来像家一样温馨、整洁、团结、乐观、幸福、好玩；和兄弟姐妹一起懂得幸福、懂得爱、懂得分享生命的美好；热爱、轻松、自由、快乐地做事业；增加彼此间的了解和信任，给大家带去快乐、带去力量、带去对个人和家庭的祝福……

于东来认为，只有精神富有，才会有恒久的自信和自由！

于东来还特别重视培养员工解决问题的能力。他擅于下放权力和责任，甚至下放财政大权，以便更好地培养管理人员及员工大胆解决问题的能力，培养员工主动积极地帮助顾客解决各种问题的原则和能力。他在各种场合通过各种方式，不断地告诉员工解决问题时应始终站在顾客的角度，通过主动承担责任来解决问题，让顾客满意开心，把胖东来这个品牌打造成幸福的代名词。

正是因为胖东来重视教育和培训、重视细节、重视培养员工解决各种问题的能力，以及有着很好的企业文化、有竞争力的薪酬和不断向上发展的空间，才能够真正培养出并且留得住优秀的服务人才，让他们通过每一次服务将胖东来的经营理念传达给顾客，以一种润物细无声的方式构建品牌的温度与厚度，凝结成胖东来最无形的价值资产。

胖东来关注的是顾客，关注的是人，关注的是持续地通过好的服务与商品构建与顾客的信任关系。因此，胖东来是一家零售服务商。

零售服务商关注的是构建与顾客长久的信任关系，重心是不断地创新服务，从顾客视角发掘其需要解决的问题，协助顾客处理。

胖东来极致的用户思维，成为一种经营基因，使企业持续围绕这一件事进行公司的经营活动，不断地累积，构建起靠时间积累的竞争优势。

胖东来没有秘密，就只有核心的一招：用极致的细节放大服务力和体验感，打造与顾客的信任关系。

# 第六节　解读胖东来的战略逻辑

　　和大多数争相扩张的企业截然相反，胖东来一直默默低头耕耘自己的"一亩三分地"。这些年，除了豫北新乡市因为特殊原因"一撤一建"外，胖东来有关停普通的店面，而开建新店不多。那些被关掉的店面不是因为亏损，一个直接的原因是，它们和于东来理想中的状态和形象不符。

　　这也是一个摆在表面，令于东来无法将就、漠视的原因。更深层次的原因，是胖东来的战略追求和一般的企业相去甚远。

## 01 柔性战略

　　胖东来在于东来的主导下，展开一系列"柔性战略"规划建设宏图。这种战略，是几乎所有企业不愿涉足的"吃力不讨好"的雷区，因为投入巨大，不见直接经济效益。这项战略就是，建设有信仰、有追求、有文化的思想型胖东来，使胖东来这家企业在公正、自由的环境里给每一位员工创造源源不断的快乐、幸福的生活，从而使他们造福社会的同时成就自己。

　　这种战略的实施，体现在以下三个方面。

　　一是，体现在胖东来与众不同的企业文化理念中。

　　二是，它是否落实到位决定了店面的生存。开新店，保留老店，除了相应的技术标准，整个团队的服务理念、服务水平、精神风貌与公司理念的一致性成为决定店面命运的关键指标。于东来曾经和笔者说：经营一家店，首先是员工轻松开心，能够有幸福感，这是胖东来的核心理念；然后才是经济指标，如果干得很累、很吃力，既不能为社会提供最好的服务，员工又觉得不快乐、不幸福，赚再多的钱，要这样的店也没意义。

三是，贯穿到团队建设与商业合作的环节中。胖东来选择和任用干部，首先关注的是个人思想、品格和行为是否与公司文化相吻合，是否符合公司战略导向所需要的用人标准。选择合作伙伴，也十分重视对方与胖东来的企业文化是否有共通之处，对于有品质缺陷、欺诈营销、压低员工工资待遇、强令加班的企业，胖东来会直接与其解除合作。

在于东来眼里，合格的胖东来店面应表现为：一是员工快乐幸福；二是为顾客提供全行业最好的环境和最优质的服务；三是店面经营要与胖东来的企业文化高度一致。

于东来认为，不懂得尊重人和生命、相互争斗、自卑、功利、失去真我、为了私利不顾一切、为了满足自己的欲望伤害他人等，都是在浪费获得幸福的资源，让自己无法享受生活的美好。这样缺失文化信仰的企业，不仅对企业无益，也对社会无益，更会给员工造成伤害。

于东来希望大家明白公司的快乐文化理念，学会把理念运用到工作和生活当中，他认为这样能减少每个人不必要的纠结、无奈、痛苦，会为每个员工增添更多自由、阳光、快乐、幸福和美好。

## 02 战略重点是经营生态

按照正常的商业逻辑，一套打法和模式一旦被验证成功了，那肯定要复制，要多开店，尽量向外扩张。但胖东来显然不是这样的，20多年的时间，别说出河南、进首都了，连郑州都没开过去。

胖东来的超市业务在2021年就有9000万元的利润了，但于东来给自己定的目标是到2026年达到净利润1个亿。胖东来倒是在筹备开两家新店，但在未来几年的规划里它要关掉的店也有两三家。要关的店不赚钱吗？不是。比如，胖东来生活广场，这家店2001年就开张了，是许昌的地标型商场，物品丰富、人声鼎沸，一年贡献的销售额达4个多亿，占整个许昌超市业务的20%。但于东来说，这家店太老气了，要关掉。

硬逼着自己把发展速度慢下来的胖东来，把战略重点放在哪里了？放在了经营生态上。

然而，胖东来并没有从传统的商业角度思考如何经营好企业的生态位，比如供应链成本怎么控制、商品损耗率怎么控制、经营成本怎么控制等。胖东来更多的是从相关者关系的角度出发思考问题。

针对员工关系，胖东来从要求员工每周工作时间不超过40个小时入手，希望与员工维持一种良性关系：员工一定要从工作中获得幸福，一定不能让工作成为员工生活的全部。在保证员工收益的情况下，保证员工有足够的时间处理家庭事务，员工家庭幸福无疑是最大的幸福，这是胖东来对员工关系的经营。

针对顾客关系，顾客只要不满意就可以无条件退货，服饰产品加价不超过25%等举措，说明胖东来拿顾客当自己人，顾客自然对胖东来信任有加。这已经不是在经营商业层面的顾客关系，更是童叟无欺的现代版演绎。

针对供应商关系，胖东来把自己的所有东西向供应商毫无保留地开放，真诚地希望与供应商一起变得更好，这也不是常规的供应商关系，而是一种跳出博弈的共生关系。

针对社区邻里关系，胖东来考虑到可能给周边居民生活带来影响，便主动承担起周边居民的水电费。这多像隔壁新来了一户邻居，主动上门来与你示好。这是胖东来在打造身边的营商环境，构建和睦的邻里关系。

针对社会关系，先不说胖东来历年的慈善捐助，2021 年底，于东来说公司的目标是到 2025 年实现纳税 1 个亿。对胖东来来说，重要的似乎不是经营指标，而是纳税指标。

## 03 为企业铸魂

文化因其无形而无处不在，就像一个隐形的循环。循环需要在一个强大的背景之下才能更好地发挥作用，只单纯地给予爱，或者只有强大的系统，两者互不作用，肯定无法发挥出最大效用。

胖东来的许多地方都有些与众不同，这些与众不同让它与行业的"规则"出现了不小的差异。

在胖东来，专用提示牌上赫然写着欢迎拍照。当其他零售商给自己穿上一层又一层保护衣的时候，胖东来此举显得更加慷慨，不同寻常。

胖东来的官网及微信公众号上，公示了各个岗位、部门中所有的实操标准和工作流程——这是企业管理的核心所在，它不怕分享，不怕大家拿来直接用。有文化的企业有底气，胖东来从来没有把这些当作自己的核心所在，也不视这些为"商业秘密"，而是欢迎大家来学习，正如卖场中的那一行大字所写"创造爱、分享爱、传播爱"。

于东来在企业会议和员工培训中，一次又一次地强调"幸福"，他理想的企业管理应是幸福的，员工是幸福的，顾客是幸福的，商品是幸福的，环境是幸福的。他像是一个布道者，启发员工如何获得幸福，更多站在哲学层面讲述幸福对人生的影响，在一个企业中，不和员工谈业绩只和员工谈爱和幸福，这是于东来的个人魅力，也是胖东来这个企业的魅力。

胖东来的每一个动作总会引起行业热议，但不管外界如何评价，胖东来似乎不为所动，依旧按照自己的步调前进。这种坚持不是盲目的，也不是轻率的，这些举措是于东来站在未来看现在的决定，是来自心底的那份笃定。

胖东来树立了一个行业的标杆，让人仰视的同时，也被人简单草率地解读。"胖东来的服务好""胖东来的员工福利好"，似乎这就是胖东来取胜的关键，这些无疑是做得好的重要理由，但不足以成为核心原因。

胖东来经过多年发展，形成了独特的企业文化与管理氛围，这像是胖东来的灵魂。一个有灵魂的企业才能走得更远，失去灵魂形如朽木，在复杂多变的市场竞争中很可能迷失自己。能复制的是外在，灵魂却不可简单模仿，需要不断修炼、磨炼与历练。

## 04 文化的味道

胖东来对企业的规模和扩张一向慎之又慎，这么多年，企业效益在不断提升，影响力在不断增强，但开店的步伐一直停滞不前。各路资本摩肩接踵，纷沓而来，主动寻求投资合作，均被胖东来拒之门外。另一方面，企业文化建设、信仰和价值观的矫正培育、服务水平的不断提升，不断地刷新着企业自身的历史和行业认知。

胖东来的企业文化建设不是一种对单一制度条款的修订，而是一种令行业普遍望而却步的文化精神层面的体系构建，这使得胖东来再次成为企业界的"另类"，它站在一个全新的制高点上，向企业经济效益以外的信仰追求发起挑战。

一个企业的生存指标主要是基于经营绩效的增长，而一个企业的发展稳固则源于文化力量的形成。

当文化体系做出来后，怎样才能保证这个体系不走样呢？胖东来给出的答案是靠体制、靠标准流程。

现在胖东来共有 784 个岗位有实操标准，其中管理岗位 356 个，员工岗位 428 个，这些岗位已全部制作了实操手册，其中 21 个岗位已制作了实操视频。

那么，体制是什么呢？简单来说，体制就是制度。

于东来对此的解释清晰简单："比如说我们的体制、政策是怎样分配给各部门的，哪些是该免的、该减的、该给的，这些都是政策、体制应该明确的问题。标准体系，就是具体的每一个岗位的流程和标准，而这些流程会与时俱进、不断细化。"

企业文化是从员工的言行上、通过标准体系体现出来的，要做好需要一个过程，这个过程可能会很漫长，但在这点上胖东来很自信。

标准是怎么来的呢？是通过不断地测试调整后找到的最佳解决方案。

对于标准，于东来喜欢讲馄饨的例子："比如，我们的馄饨在顾客中口碑很好，馄饨要煮 5 分钟才能熟，从水开到 5 分钟熟是必须的，那 3 分钟肯定不行，7 分钟可能就过火了。还有锅里面下 20 个或 30 个是有规定的，这是我们的员工通过反复操作总结出来的，然后形成操作流程，固化下来就成了标准。"

在标准的基础上才能做出自己的味道，这就是胖东来的味道。

### 05 把胖东来建成"学校"

于东来对胖东来的定义是一所学校。

于东来希望让更多的人在这所学校里面学会怎样做人、怎样做事、怎样对待生活，学会理解自己的生命，真正地让这种好的理念去主宰着自己、鞭策着自己，幸福快乐地去享受和分享创造的美好、释放自己的潜能和才华、创造更多的美好和幸福。

查阅近几年于东来的讲话和分享会发现，他总是强调"胖东来是一所学校"。

学校是做什么的？教书育人。我们发现不同学校走出来的学生是不一样的，尤其是真正的名牌大学（这名牌不只是指知名，而且是全心全意于教育且成绩显著的）走出来的学生，有一种独特气质，这就是文化的力量。

胖东来希望员工活出自己喜欢的样子，活出生命的质量，活出美好的状态。

胖东来有这样一个规定：在一些特定的时候，会通过照片检查管理层和员工的居家生活是否美观、整洁。要是不达标，工作再努力也不能参加升职竞聘。于东来的逻辑是：不管你家庭条件好还是普通，都得做到温馨整洁，如果是管理层，还应该做到有品有爱。在这样一个约束条件下，员工就得经常打理自己的生活，这个过程也能逐渐培养出个人的审美和品位来。

于东来说，我们的目的不是想让企业做多大，而是希望我们有更多的员工懂得好的理念，有健全的人格，懂得让自己的生活过得更加健康、更加轻松、更加美好，往这个方向走，我们就能活出更美好的状态。

最令于东来担忧的是，企业和员工罔顾信仰，成为一架原始的"赚钱机器"，变身为功利的奴隶。这些年，在于东来眼中，胖东来所勾勒出的未来是自由、博爱、幸福、快乐的，你也可以说它是"乌托邦"。但在于东来眼里它是可能的存在，它就是未来，在胖东来近万名员工眼里，它距离自己越来越近。因为一个企业只要掌门人具有了这样的情怀与追求，员工自然会跟随；而一个兼顾效益、道德、信仰、理想、追求，充满爱的元素的企业，相信未来会成就一个惊世骇俗的现实。

于东来说：很多信仰和追求需要释放，很多理想与情怀需要释放，很多空间和潜能需要释放。胖东来要做的，就是释放这些。胖东来是一个大家庭，没有单一的家长，只有亲人，只有爱，只有对公平、善良、幸福、快乐无法阻挡的无限追求。这就是未来的胖东来。

# Part 2 | 第二章
## 最划算的投资是投资员工

# 第一节　算算员工福利

胖东来的员工福利究竟有多独特？

在胖东来工作的员工受了委屈竟然还有奖金！

胖东来有个很特别的奖项——"委屈奖"，指的是员工按照公司规定的正常流程工作时，受了委屈，可以根据具体情况获得500 ~ 5000元不等的补贴。

胖东来办公室回应，这是为了"鼓励员工做正确的事"。

在胖东来，员工的福利项目多达18项，包括但不限于底薪、绩效、慰问、福利、假期、假期工资、节日礼品、特殊待遇、老员工的特别补贴等。

## 01 听听老板的说法

在员工福利方面，胖东来给予员工的工资是当地同行业的2 ~ 3倍，每周二固定闭店，员工休假时间也高于全行业。

在一次分享中，于东来表示：国家法定一周工作5天，总时长是40个小时，而胖东来员工每周工作时长比法定少2.6小时。相当于一个月少干1天，一年就是12天。我们一年双休大约是104天，春节放假是5天，即使不算这5天，12天加上104天加上30天的年休假再加上2023年又推出的10天的休假，是156天。我们现在的休息时长，基本上达到欧洲发达国家的休息时长了。

胖东来给予员工的工资是当地同行业的 2 ~ 3 倍。于东来表示，现在员工基本上活得比较有尊严。不过于东来坦陈，员工的生活质量还是跟不上。

"按照我们现在的消费水平，如果要有好的生活质量，我们员工的收入应该是在每个月 7000 ~ 8000 元，交了养老统筹之后还能有 7000 元，不一定买房，可以租房，生活是非常轻松快乐的。"

"而如果员工能实现净心、以喜欢的状态做事，自然而然能实现 7000 元以上的收入。我们现在整个超市的综合能力目前可能是'零分'，因为大家还没有进入喜欢的状态，还没有真正的净心。"

据于东来自述，胖东来会将每年 95% 的利润分给员工，在三四线城市，胖东来的员工每月收入近 6000 元。

胖东来的员工福利制度在诞生之初，就是由老板于东来亲自制定的，一直伴随着胖东来的发展壮大。

## 02 员工是创造收入和利润的主体

在一般企业的预设条件中，员工是企业成本，利润等于收入减去员工工资等成本。假设收入是固定的，工资开支越大，老板所获利润越少，因此为保证经营利润，老板理所当然会反向压缩工资的支出。因而，很多企业都极力压缩工资成本。

胖东来则改变了这一假设，认为员工是创造收入和利润的主体，员工的积极和热情能创造企业价值。于东来对于利润的定义是：员工创造的收入减去员工工资等成本等于利润。胖东来把收入看作员工创造的，员工是企业产生价值的关键，只要激励好员工，让员工满意，利润就会像水自然地流淌汇聚，结果就是人聚财聚。员工拿 2 ~ 3 倍于当地同行的工资，工作再不是上班，而是一种荣誉和成就，员工会像爱家庭一样，在胖东来贡献自己的工作热情。

因而，胖东来有着最稳定的员工队伍，很多人为胖东来工作了20年以上！

胖东来既然要将95%的利润分配给员工，员工就有权知道胖东来的财务信息，于东来甚至将自家的资产也在胖东来内部公开，胸怀坦荡自然会赢得全体员工的认可。员工再不是为老板打工，而是为自己的分红努力，全体上下同心合力经营一个共同的事业，胖东来本质上已经不是一个私营企业，而是全体员工所拥有的合伙企业。

在内部人员安排上，胖东来也秉持公开公正的原则，对管理岗位采取竞聘的方式，最终不是由老板和人事部决定，而是由竞争的几个人共同决定由谁当选，是最公开、透明的方式。

员工是企业的雇员，也是服务顾客的责任人，只有服务令顾客满意，才能为企业积攒回头客，持续地为企业创造价值。员工不须讨好企业内部各级领导，而是要以顾客满意为目标。

顾客是第一位的，胖东来的员工想顾客所想，急顾客所急，赢得了顾客的超级信任，持续的生意自然源源而来。即便工资远高于同行，胖东来依然是行业中生意最好、最赚钱的企业。

## 03 给员工优越感

在员工物质激励方面，胖东来也有着自己的制度——安心机制与操心机制。

"满足基层员工的基本物质需求，免去其后顾之忧，让他们能够过上优越的生活，他们就不再把心思放在找工作上了，就会安心。"这就是胖东来的安心机制。

"同时，胖东来也主张让一部分员工先富起来，把核心管理层变成小老板，让他们舍不得走，这样他们就不再把心思放在跳槽、创业上了，就会更有动力为企业的发展操心。"这就是胖东来的操心机制。

胖东来不仅教员工如何工作，还教他们如何享受工作。于东来曾表示，员工对顾客悉心的服务热情正源于企业有一套人性化的管理体系。

胖东来规定，所有中高层管理者每周只许工作 40 个小时，相当于每天工作 8 小时。商业企业最忙的是晚上和周末以及其他节假日，胖东来偏偏反其道而行。此外，于东来还规定，员工每周必须跟父母吃一次饭，每月必须带着家人出去旅游一次，每年必须有一次省外的长途旅行。每年强制休假 20 天。

2023 年胖东来的月工资发放标准为：普通员工除了 3500 元的底薪外还有 1500 元的绩效，再加上 500 元的岗位补贴；晋升为班长后底薪提升为 5000 元，绩效 2000 元；科长底薪 7000 元，绩效 5000 元；处长底薪 1 万元，绩效 1.5 万元；店长底薪 2 万元，绩效 3 万元。

随着职位的上升，薪酬体系中的绩效占比越来越高。

正因有这样的待遇摆在胖东来员工的面前，行业才看到了一个充满激情的企业。

胖东来的每名员工都有一本《规划手册》，内容包括员工人生规划、工作标准、生活标准，其中人生规划中还细致到为员工规划住房。另外，按照规划，一个基层员工成长为店长的时间大约为 6 年。

与大多数民营企业一样，胖东来也是从家族企业发展起来的。然而，在公司逐步壮大以后，传统家族式管理给公司的进一步发展带来了束缚。为此，于东来专门召开了家族会，对家族成员"约法三章"：第一，不把过去的贡献当成资本，要保持一颗平常心，干好本职工作，服从管理；第二，不许搞特权，家族任何成员都不准在企业里随便发号施令，给管理人员造成思想压力；第三，公平竞争，不管是家族成员还是其他员工，只要有能力、肯钻研、具备了一定的管理水平，都可以提拔到领导岗位上。

## 04 员工真正需要什么

很多老板固执地认为员工需要的就是"多赚钱"，这没有错，但忽视了人的其他需求。员工除了物质上的需求，还有精神上的需求，其中包括当下的精神奖励和未来的发展规划。单纯的高薪并不能长期给员工带来快乐，员工需要成长，需要自己的价值得到认可。而这些用一个词概括就是——员工激励。

在胖东来官方网站的首页上，14 个专题占据着醒目的位置。其中，有一个"员工人生规划"。在工作事业上，胖东来按岗位专家和管理专家两个方向培养员工，设置了五种评价体系：星级员工、服务标兵、技术明星、星级经营人员、星级后勤人员。

每种评价体系，按照星级的差异规定了详尽的行为指南，员工很容易找到自己现在的位置和努力的方向。对不同星级的员工，胖东来还有配套的生活规划，比如其中一条是：普通员工的住房条件是与人合租两室一厅，技术明星的住房条件是拥有 80 平方米以上的新房子。

这张细密的评价网，弥补了行政晋升在激励上的滞后和僵化，它给所有员工一个准确的锚定，又鼓励他们去突破，员工的每一点细微进步都能迅速得到肯定。追求成长的本能，给人带来巨大的激励，让员工产生主动的"满意"。

于东来有个非常著名的论断——"不会分钱，就会亏钱"。在"分钱"这点上，于东来有着难得的大气和格局，真正做到了让员工共享企业发展的成果。

胖东来给员工的报酬在河南省整个行业内都是极具竞争力的。于东来和日本"经营之神"稻盛和夫有着同样的理念，稻盛和夫曾主动把股份送给员工，于东来也一直将"分钱"放在员工管理的第一位。

公开资料显示，1999年，胖东来年净利润才1700万元，于东来根据工龄、职位按比例分了1000万元。当时许昌的月平均工资只有200元，其基层员工可以拿到1000元以上，店长的年薪甚至达到十几万元。

除层级薪酬外，员工还会依据个人的绩效表现获得额外的收益。每一份付出都有回报，这也是他们愿意去执行公司层面的各项制度、方针，愿意为企业创造绩效的本源，因为公司的发展必将带来他们个人的发展，为企业创造价值就是为自己创造美好生活。

## 05 薪酬设计要以人为本

好的福利可以将员工团结起来，让员工与企业保持高度一致，实现企业利润最大化。一套能够激发员工积极性的福利体系，也是企业的制胜法宝。

近年来，很多人都不辞辛苦地去学习胖东来的管理，比如员工管理、薪酬福利设计等。那么，企业的薪酬福利该怎么设计呢？

答案是要围绕公平性、公正性、竞争性、差异性进行设计。胖东来多达18项的福利，就是围绕着这些原则设计的。

员工福利同时也体现了一家公司的企业文化，员工福利实施的好坏与企业文化息息相关。胖东来的企业文化核心是"爱与自由"，因此员工福利围绕着"爱与自由"开展。比如关怀福利、丧事慰问、特殊待遇、委屈奖、关爱补贴等都是围绕着"爱"这个核心设立起来的。再比如，谷歌拥有舒适的办公环境，按摩房、洗衣房、洗车房等各种配套设施，用这种方法让优秀的工程师只专注于他们喜欢的事情，而不分心于杂事，这些福利也与谷歌的企业文化密不可分。

当企业的福利和激励到位时，员工内在的幸福感会激发他们的内驱力，使其更好地工作，产出也会更高。胖东来设立员工委屈奖也是如此，"委屈奖"不仅是一种激励和肯定，更是一种对企业文化的塑造和传承。用钱留住人，用爱留住心。

人力资本对于企业发展的贡献，实际上要比纯粹意义上的货币资本，或者设备、技术的贡献大得多。员工高度敬业，是胖东来让很多企业佩服的地方，而能做到这一点，跟企业的薪酬福利也有着必然的联系。

企业要想真正做到可持续发展，必须将人才摆在一个显著的位置上。在人力资本与货币资本之间，越来越多的企业认同"人力资本重于货币资本"的理念，这在以知识工作者为主的高科技行业首先得到印证，在服务行业，人力资本的重要性也越来越凸显。就零售贸易企业而言，什么都可以一样：硬件环境、商品品类、价格体系……唯一不同的就是为顾客提供服务的人。

管理要以人为本。

胖东来以人为本的薪酬设计，你学会了吗？

# 第二节　快乐工作

每个超市都有收银员，但好像只有胖东来的收银员是可以坐着工作的。

看起来这是一件很小的事情，但是这样的小事情体现了企业对员工的尊重，以及关怀。坐着上一天班和站着上一天班，那是完全不同的感受。

人都有被尊重的需求，一个人不管赚钱多少，都渴望得到他人的尊重。当然一个能够尊重他人的人，内心深处对自我也会有足够的尊重。于东来曾说过，有生之年不大可能将胖东来扩张到更多城市去，因为员工的幸福感和顾客的满意度比做大做强更重要。

真正的商业思维并没有很复杂的逻辑，只是把最简单的道理落实到位，把顾客当人看，把员工当人看，尊重身边的每一个人。

## 01 让员工快乐

让员工快乐是胖东来的核心管理目标。

胖东来的收银位置皆配备了座椅，以便员工闲暇时可以得到休息，可以坐着收银。这是一件微小之事，却也是一些商超没有做到的。企业不能将员工当作机器，否则会让员工丧失积极性与责任感。

高于同行的薪资待遇，"每周二闭店"、"不准加班"等政策，都彰显胖东来在真正关怀员工，努力提升员工的幸福指数。大舍大得，小舍小得，不舍不得。只要管理者愿意付出，相信员工也愿意为企业奉献。

除了高薪和福利外，胖东来是怎么实现让员工快乐的同时公司也快乐的呢？

**首先，让员工树立跟企业一样的价值观。**

让员工树立跟企业一样的价值观，可以让员工在心中形成跟企业一样的行事准则，做任何事情都不能违背的准则。

胖东来的价值观有：保证让每一位顾客满意，丰富的商品、合理的价格、优美的环境、完善的服务。所有的员工入职后都会接受胖东来关于企业价值观等各个方面的专业培训，培训结束后会有专业师傅带领着熟悉价值观，以及在实际工作中应用，以确保每个人在上岗后，都不会做违背企业价值观的事情。

**其次，给予员工足够的尊重。**

现在，人的自尊水平都非常高，工资高了但是工作中老受委屈、不开心，也会辞职不干。胖东来的所有管理者在进入管理岗位时都会进行管理培训，培训的主要内容就是如何给基层员工以尊重，如何让员工开心，如何在尊重员工的前提下处理员工问题。胖东来的管理者在见到基层员工时都会以家人相称，让他们感受到家的温暖，员工犯错也不会去责骂、批评，只会像家人一样给予意见及改正方向。

**再次，让员工享受生活。**

工资高了、干活也开心了，但是长时间不停地工作每个人都会疲惫，所以胖东来每星期关门一天，另外每位员工每月还有 4 天休假，每年还有一个月的带薪休假。这些让员工有足够的时间去享受生活，有时间去处理生活中的琐事，工作中不被琐事困扰，上班时自然会精力充沛、专心致志、效率倍增。

利润都是员工创造的，让员工高兴，企业才有明天。

## 02 把企业当家经营

与很多企业崇尚狼性理念不同，胖东来的文化更强调"快乐"——让顾客快乐，让员工快乐。

对于自己一手创办的企业，于东来倾注了很多情怀，他希望将一些人性化理念灌输到企业经营中，他还说过，胖东来不是一家企业，而是一所学校、一个布道平台，公司在意的不是利润，而是文化信仰的传承以及人文精神的传递。

在胖东来官网，常常可以看到长短不一的"东来随笔"，都是于东来对于生活、幸福、快乐的感悟，无形中传递着企业的信仰和价值观。

胖东来更像一个充满爱的家庭。老板爱员工，给予他们高薪、优厚的福利待遇、更多的休息时间，还创造好的条件让他们看书、锻炼、上网，以及陪伴家人。几年前，胖东来的一位副总不幸病逝，于东来不仅发文悼念，还宣布所有门店停业一天致哀——这样深情的企业，实属凤毛麟角。

员工也热爱老板。在他们心中，于东来像一个兄长——一个没有架子、真诚、善良，还有几分调皮的大哥。员工们喜欢跟他在一起，一口一个"东来哥"叫得十分亲切。

这是个没有等级之分的企业，干部员工之间平等融洽、相亲相爱、和谐相处。对企业来说，这简直就像童话，于东来却把它变成了现实。

零售业其实是非常艰辛的行业，工作任务繁重，考核压力大，面对的顾客形形色色，服务标准高、规矩多、要求严，如果再碰上一个苛刻的老板，底层员工的桎梏感、窒息感可想而知。胖东来弘扬爱的文化，倡导尊重和快乐，把企业当家来经营，营造出的自由、快乐、融洽氛围，无疑是最好的润滑剂、调节器。而员工们挂在脸上的喜悦、发自内心的笑容，无疑是"完善服务"的最好保障。

这好比金庸武侠中的上乘武功，要有精妙的招式，更要有雄厚的内力，没有内力做支撑，再好的招式也只是花拳绣腿。显然，胖东来的爱文化，就是零售业的"独门心法"。老板于东来一开始就知道，企业发展的过程中不能忽视员工的幸福感，要做一个幸福企业。

## 03 快乐管理不是对员工放低要求

胖东来在建设关爱与快乐文化的同时，也在狠抓制度管理。通过细致的制度规范、严厉的处罚制度，来矫正员工的不正确行为，强化服务的质量。

胖东来制定了《公司日常管理逐级考核制度》，实施逐层监督的考核方式。而对商品质量、服务等比较重视的项目，一项工作出现偏差，各级管理者及当事人都会受到连带处分，以此来督促大家对工作共同负责。

《公司日常管理逐级考核制度》中的每一模块都有全面翔实的说明文字，囊括了各种可能发生的违规行为，对员工的行为起到了全面的监督和约束。服务是处罚力度最大的一个模块，这也为胖东来实现最优质服务提供了极大的支持。

《公司日常管理逐级考核制度》在执行上也得到了胖东来上下一致的高度重视，每月都在内部公布处罚结果。对于涉及顾客服务的，则在官网上向社会公示。制度的执行一视同仁，对于东来的亲属也绝不例外。

为进一步加强管理，提高顾客满意度，胖东来于2005年设立了顾客服务投诉奖，奖金额由最初的 100 元提高到现在的 500 元，用于奖励投诉其员工违规违纪、服务不周的行为，胖东来会根据举报信息对相关责任人进行查处。

人性化管理并不意味着胖东来没有标准化制度。事实上，在流程管理上，胖东来也是做得很极致的。擦厕所的洗手台有几种抹布，每次清洁先后顺序是什么，煮水饺时要放多少克水、要煮多长时间等都有十分详细、明确的规定。

在人员管理上，有一个"人生规划"，按岗位专家和管理专家两个方向培养员工，设置了五种评价体系，按照星级的差异规定了详尽的行为，员工很容易找到自己所处的位置以及努力的方向。不同星级的员工，还有配套的生活规划。

没错，商业不是靠情怀去实现的。通过企业文化解决思想的问题，再通过标准化给员工在操作层面提供参考，构建了"企业爱员工，员工爱顾客，顾客爱企业"这样的商业管理闭环，这是胖东来中国式管理的逻辑。

## 04 先把人当人，再把事当事

胖东来的管理风格、企业文化与海底捞类似，都是把一件事做到极致，以及"先把人当人，再把事当事"。

一些企业家总是将人力资本挂在嘴边，内心深处还是把员工当成成本，事实上，你把员工当成什么，他们就成为什么。于东来充分运用了中国的传统文化和根植在中国人心底里的价值驱动因素，比如"和为贵""经世致用""刚柔相济""血浓于水"……

这在胖东来考核制度的前言中得到了淋漓尽致的体现。

通过不断的完善和提升，我们的考核标准也将更加全面和科学，

考评不是围绕处罚与批评去进行的，它是在教会我们每个人如何按
照公司理念做人做事，如何享受生活、快乐工作，如何认清自己身
上的不足和优点，如何学会与他人分享自己的爱与真诚，用感恩的
心态感谢为你提出建议和批评的人，用宽容与厚道的心看待所有的
困难。用利他之心和慈悲之心做事做人，用快乐与透明指引自己工
作的方向，只有这样我们才会明白工作的目的与生命的意义，才能
让工作与生活同样精彩！

"先把人当人，再把事当事"，这段文字给这句话做出了精彩的诠释。

绩效管理体系的建设和推广只是打造高绩效团队的必要条件，当企业不
重视这个体系的时候，它的管理水平可能已经进入了更高的境界。要关注平
时的绩效改进工作，持续的改进工作相当于绩效管理循环中的绩效指导，绩
效结果反而显得不太重要了。

反观很多企业，把绩效结果看得很重，其实结果出来它就成为过去式了。
管理者的不作为，或者说技不如人、难有作为，最终演变成绩效考核的"权
术和政治"，而非踏踏实实地把工作做好。

"先把人当人，再把事当事"，就是解决这一难题的钥匙。

## 05 胖东来带给我们的思考

让员工爱上工作并快乐工作，胖东来的经验或许值得我们思考。

第一，"爱在胖东来"让员工感受到被尊重。被企业和老板所尊重的员
工才会以企业为家，才会发自内心地尊重企业和老板，才会像关爱家人一样
去关爱顾客。

第二，"工匠精神的培养与强化"让员工感受到自身价值和被珍惜。被企业和老板所珍惜的员工才会像工匠一样沉浸于细微的工作，才会像珍惜自己的羽毛一样珍惜顾客的感受，自发地不断提升专业服务技能，在服务顾客的过程中感受到自我成功的喜悦和价值。胖东来最难学的经验或许就是如何让员工快乐工作，因为在很多企业还没有让员工学会如何平衡工作与生活的时候，胖东来已经让员工学会了快乐工作的重点不是"平衡工作与生活"，而是如何在工作或生活时都能够"沉浸其中"。

真正让员工爱上工作并快乐工作，离不开顶层设计，这项工作实际上是一把手工程。怎样才能做好这项工程呢？于东来下面的这段现身说法很值得深思。

我说让员工能够幸福地工作，所以我们现在很多人上班是可以看新闻的，可以聊天，可以打游戏。打个比方，你只要感觉上班不难受，不是来了以后往这里一站，"欢迎光临"，不是这样非常痛苦就可以了。有顾客了，你就像对待家人一样给他介绍。没有顾客时，你想看新闻了，想上网了，想聊聊天，想打打电话，想听听音乐，都可以。

尽量地让你的平台、让你的员工感觉到充实和幸福，感觉上班也是很幸福的一件事情。去年的餐饮部，我给他们买了50台播放器，一台5000元，每个部门都有。刚开始我让他们买，他们买的是280元一台的，我说把这个全部扔掉，品质太差了。不是说280元的不能听，是我们要最好，我们知道我们有更高的追求，我们要向更优质的学习。

所以说，我们就是从方方面面去制定相关的制度，去完善这些制度，完善这些标准。现在我们的企业，很多方面标准都在慢慢地建立和完善。

再进一步深思，我们可以发现胖东来的成功离不开两个满意度：顾客满意度和员工满意度。

这两个满意度存在因果和事实上的先后顺序：员工满意度在先，顾客满意度在后。管理的重心应该抓员工满意度，因为员工满意度产生顾客满意度。经营的重心应该抓顾客满意度，因为顾客满意度反过来强化员工满意度。

零售业并不是高科技企业，员工未必要高学历、高素质、高知识，普普通通的劳动者，也是可以的。但需要大爱，需要真正的以人为本。你给了员工安全感，员工才会给予企业忠诚度，才能快乐工作。

# 第三节 用文化和利益换取员工忠诚

## 01 根除奴性

胖东来所倡导和追求的文化体系，没有停留在简单盲目的人性化层面，而是体现在集中释放正向的、积极的人性光辉上。

从企业文化所倡导的理念层面，公开一致的口号是"公平、自由、快乐、博爱"；于东来一直不断地在企业讲的追逐的目标是：幸福，每个员工的幸福，像欢乐家庭一样的幸福，幸福地工作，幸福地生活。而维系企业和员工、企业和社会、员工和员工之间的纽带，就是纯真的爱、真诚的信任。

于东来一直在向员工传递、普及这种理念和追求，像一个布道者，孜孜不倦、任劳任怨、无怨无悔。无怪乎有人说，于东来在幻想建立一个不可能的"乌托邦"！

但是，于东来就奔着这种不可能去了。20多年来，他一直在管理中、经营中实践着自己的理念，扩散着自己的思想，追求着自己的梦想。

于东来认为，企业的管理机制并不是一味地严厉管控和打压，相反，管理的真正意义是人性的释放、潜能的释放。因为企业与每个人都是相关的，人与人之间应该在公平公正的原则上保持真诚坦率、互信互爱，这样无论是企业还是每个人都会充满快乐，拥有幸福。

用喜欢对待自己的岗位和工作、用真诚对待企业、用爱对待同事，企业就会像一个充满爱的温馨家园，企业这个平台就会为每个人创造丰富的物质和精神财富。

在胖东来，大到公司制度流程的制定，小到员工的工作细节，于东来一直都在关注，关注员工工作环境和生活环境的营造，力求轻松舒缓，避免员工产生过度的紧张和压力，力图创造一种欢快、自由、放松的工作氛围，从而使每位员工感到来自企业和同事无处不在的关爱，获得满满的幸福感。

有一次，于东来在会上说："我一年平均自驾游的时间是 7 ～ 8 个月，我跟我的高管有时候一个月不联系，那都是很正常的事。学会放手，学会尊重他们，企业有好的体制和好的理念，让他们感受到信任、希望、幸福。虽然也有很多的不足，但是我们一直是抱着这种真诚努力地去做、去引导我们的员工，让他们懂得什么是生活，生活中如何看待友情、爱情，如何对待父母、亲人等，围绕着这些方面去讨论很多种方法。"

严厉的处罚、高压的态势、长时间的劳动，在于东来看来，都是奴役员工、泯灭人性的行为。于东来经常说："胖东来当前的企业文化的一项重大使命，就是根除员工的奴性，使他们能够自由地为自己而工作，做自己喜欢的事。"

于东来认为，社会中、企业管理中，有很多消极的东西，管理中的专权是长期的奴性文化的沉淀，需要很长的时间去改变。

## 02 兑现文化

胖东来之所以能够有一套被执行的文化，除了老板于东来的因素以外，还有就是以老板对员工履行承诺的能力为核心的"兑现文化"，把物质承诺写进员工手册。如：把员工或者管理层与购买相应面积房子的能力进行了对应，其直接结果是老板对员工兑现承诺，员工对顾客兑现承诺。

于东来用优厚的利益交换了员工对公司的忠诚度和对顾客的服务态度，面对他制定的"远超平均水平"的公司薪资体系，同行们都自叹不如。

对于激发团队的智慧与潜能，除了提供学习、交流的机会，创造学习平台之外，胖东来还通过巨大的经济利益催动员工智慧的发挥，激发员工潜能。在胖东来，每一家门店、每一个岗位，都会通过清晰的考核指标来决定员工的收获和回报，有的普通员工可以拿到上万元月薪，有的优秀店总可以拿到几百万元的年薪和分红。

于东来曾经说过，管理上的事，我只提出自己的意见，不去干涉做不做、怎么做，我提出的这些意见，主要是出于对企业未来的发展以及员工的自身利益而进行的考量。真正的项目决策、管理决策，还是他们这些人考虑，我的职责，一是把握好度，有前途的投资就主动替他们追加，使他们放下后顾之忧，激发他们的潜能，促使他们创造性地工作；二是做好他们的后勤保障。

对于团队的经营，于东来一般不会插手，他重视看报表、查数据、听汇报。每年有一大半时间，于东来都在外地学习、考察，和同行交流，应邀对一些企业进行考察指导。胖东来的数据化管理做得非常超前，公司每一位管理干部可远程即时查看时段经营数据，浏览门店营业实况。

也就是说，公司的日常管理和决策，一般都是管理团队发挥集体智慧，很少有于东来个人意志的所谓"顶层设计"，于东来在公司的角色更多的是参谋、顾问，是对决策事项提供建议，然后集体审核，现场拍板。

经济指标并不是唯一的考核指标，按照公司规定，门店人流必须控制，销售额必须控制，这样是不是有点儿傻？不是，胖东来实施人流和营业额控制考核的目的，是为了营造更加舒适的购物环境，为顾客提供一个始终充满魅力的消费、休闲的平台，保持在行业和社会的最佳口碑效益。

## 03 两个机制

从某种意义上说，胖东来的成功是文化的成功，是建立在人性上的优秀文化。

多少年来，我们一直崇尚西方的管理思维，如"二八法则""六西格玛原则"等，追求的是效率和利益至上，从而忽略了人性。而于东来反其道而行之，从人性管理出发，提倡真、善、美。在这种企业文化下，员工的敬业、爱人、快乐、专业才能更好地得到体现，而不仅仅是用文字来承载的空头激励。这样的良性激励与循环让胖东来的优势越来越强。

胖东来火到什么程度？

好多人为了到胖东来买东西，大夏天竟然能在烈日下排队 15 分钟。为什么排队？因为人挤人，外面的顾客根本挤不进去。

甚至于胖东来开到哪里，方圆一公里内都没有零售店，因为谁靠近胖东来谁饿死。每到周末，胖东来周围的街道都要封路，因为顾客实在太多了，怕发生事故。

为什么胖东来会这么火？

有位营销专家做了个调查，他问胖东来的保安，哪里能买购物券？那位保安把他从 1 楼送到 8 楼，一路上各种讲笑话逗乐，送到总台后还根据他的情况贴心地推荐各种优惠券组合。最后这位专家被保安的热心服务打动，买了 500 元购物券。

他还看到胖东来的保洁都是跪在地上擦地，但每个人脸上都春风洋溢，没有一个人有一丝的不高兴。

后来，这位营销专家发现，胖东来真的是把员工变成了老板，让员工在心里而不是嘴上感谢老板。

怎么做到的呢？靠两个机制：安心机制和操心机制。

第一，满足员工的基本物质需求，免去他们的后顾之忧，让他们能够体面地生活，他们就不再把心思放在找工作上了，就会安心，这是安心机制。

第二，让一部分人先富起来，把核心层变成小老板，他们就会操心企业，这就是操心机制。

胖东来的创始人于东来曾经用同样的方法拯救了另一家亏损的零售企业，使其当月销售额猛增 40%，这在零售领域是一个神话级别的数字。

20 多年来，胖东来发展得很好，它的服务、效益、店面、文化、员工待遇等诸方面，都在一次次刷新全国纪录，让全国从巨头到中小规模的无数同行企业无不望其项背，难以追逐。

但是，胖东来一没有跨行赚取快钱，二没有到处融资推动扩张，三没有资本运作投机取巧，四没有坑蒙拐骗赚取暴利，而是一直在单一零售的道路上孜孜耕耘。那么，是什么成就了这个高效、优秀、充满文化氛围、具有清晰信仰导向的"殿堂级"的标杆企业呢？

也许，两个机制就是答案。

### 04 彼此感恩才是企业最好的状态

企业的成功都是老板和员工水乳交融、彼此成就的结果。

彼此感恩才是企业最好的状态，这在胖东来演绎得相当精彩。

需要员工感恩的老板往往有一种心态：如果没有我，不管是公司还是员工都不会有今天的大好光景。

归根结底还是人治心态。他们往往忽略了，企业和员工之间只是契约关系，员工为企业付出有价值的劳动，企业为员工付出相应的工资，类似于等价交换。如果说员工凭本事吃饭还要感恩老板，那才是怪事了。

其实企业和员工之间的状态应该是彼此感恩。企业感恩员工辛勤工作；员工感恩企业和老板知人善任，给自己提供好的平台和机会，从而继续努力工作。

有人做过调查，发现零点的阿里亮得像白天，半夜三四点还有人回来工作；网易晚上 12 点多人才走得差不多；23：25 分华为门口才有了第一波下班小高潮。

大家都知道这些科技企业，加班跟喝白开水一样正常，为什么还是有好多人前仆后继呢？

不是因为员工对老板心存感激，而是因为知道这里能够实现自己的人生价值，甚至有可能实现财务自由。

所以，企业和员工之间的最佳关系是企业为员工提供优渥的待遇和发展机会，员工则努力地为企业奉献自己的时间、精力、创造力等，等价交换的双方彼此致谢。

而胖东来高了一个段位，不允许加班是胖东来的企业文化，于东来真心感恩他的员工，员工便用业绩回报自己的老板。

那些需要员工感恩的企业往往不懂一个道理：你需要让员工成为这个企

业的主人，而不是感谢老板赏饭吃的"奴隶"。毕竟，你见过几个为别人家
业绩拼命的"奴隶"。

## 05 文化第一，经营第二

星云大师曾说过：世界上最伟大的力量一定是文化。

胖东来成功印证了文化的力量。

文化理念看似没有经济价值，既不能买也不能吃，但文化的魅力在于传
承一种优秀的观念，这种观念会决定思维方式、经营理念、制度标准等一系
列工作，因为思想单纯了、简单了，很多杂念没有了，自然也就会有更多的
精力放到应该做的事情上。

胖东来卖场给人的感觉——把一个很辛苦的超市行业做得非常有艺术
性，无论是陈列标准，还是卫生与员工状态。员工都是十分用心地、发自内
心地去做事情，这些如果没有文化的力量是根本行不通的。

物质的东西固然重要，但是没有文化积淀的物质就是空中楼阁。在胖东
来，于东来每个月都会给团队的高层讲解如何看待生活与工作的课程。这个
课程既没有故弄玄虚，也没有太多的不切实际，都是很简单的道理与利他思
维，就是告诉员工做一个简单、真诚、阳光的人，做自己喜欢的事，成为自
己和别人喜欢的人。

但在中国，很多零售企业不要说一个月，甚至半年董事长都只是在公司
公告上说说公司的发展战略规划与制度推动之类的话，基层员工不要说对未
来的预期，甚至对自己的前途规划都没有一个基本认知，这样的员工除了打
工赚钱，还会再想什么吗？还会有所谓的创造力与激情吗？

零售业的工作不容易，做好更不容易。胖东来的文化告诉我们，工作是为

了生活，生活不是高不可攀，而是你是否懂得无论贫穷富贵，最美的永远是真诚！

员工自然会对教会自己真诚的企业无比忠诚。

这是文化的力量！

# 第四节　激发员工，而非压榨

从最早的烟酒店开始，于东来和他的伙伴们在逐渐摸索的同时，也在刻意追求一种真诚的待客之道。从最早的"用真品换真心"到积极投身大爱的社会公益事业，早期于东来和他的伙伴们就开始传播大爱，在企业中形成自由、博爱的萌芽，并促使其快速生长，形成了企业发展潜在的、持续的巨大动力。

胖东来是一个由很多人组成的团队，是一个企业大家庭，这个团队充满了爱，将对建设爱心环境起到积极作用视为它的责任。胖东来是怎样建设爱心团队的？从顾客、员工、商户身上做起。真诚服务、平等合作、轻松快乐地工作，这是胖东来关联群体与胖东来关系的显著特征。

在充满爱和正能量的胖东来，巨大的品牌价值不是通过广告推广，而是基于团队凝聚力、顾客关系、零供关系的精心耕耘，逐步积累，厚积薄发形成的。

## 01 员工真正需要什么

2011 年，于东来在试点"每周二闭店"政策前问员工："假设胖东来一年赚 2 亿元，周二闭店休息的时候会损失 7000 万元左右。大家觉得是幸福重要还是钱重要？"

员工纷纷回答："幸福重要。"

于东来果断决定："那就闭店。"

不到一年时间，每周二闭店休息政策便逐步推广到了全部门店。

有人或许会吐槽，这不还是变相的单休？但是在零售行业的人都知道整店不营业和单休的本质区别：在不营业的当天，全店所有人员不仅是身体上，心理上也会真正得到放松、休息。如果只是普通轮休，很多岗位尤其是管理岗，在休息日依然要随时准备应对突发情况，甚至可能要临时加班，最后往往导致全月几乎无休。

全店不营业，员工才能够真正地回归生活、回归家庭。仅仅这一点，无数业内同行去取经后，依然没有一家敢直接效仿。比起国外先进公司更加关注流程标准，胖东来的理念中更加关注的是人本身，关注员工真正需要什么。

举个例子，胖东来的收银位置皆配备了座椅，以便员工可以在闲暇时间得到休息，甚至允许坐着收银。这在业内虽是微小之事，却也是同行没有和不敢想象的。

## 02 相信激励和爱的力量

早几年的时候，我们在谈怎么对待85后、90后，现在已经开始谈95后，甚至00后了。随着新生代群体占比越来越大，不同思维并存，他们对自我发展、能力提升等有更加强烈的诉求，这对企业文化建设和增强凝聚力提出了更高要求。

首先，要正向激励。

正向激励就是以信任、表扬、提拔等为主，负向如批评、罚款、淘汰等为辅，这两者各有各的价值，但胖东来更加强调正向激励。强调正向激励不代表没有负向，要鼓励扬善，也要规避不善。

激励因素包括工作上的成就感、得到认可和奖励、工作本身的挑战和兴趣、责任感、个人的成长和晋升机会、发展前途等。

李锦记的创始人经常对高管说一句话："需要表扬下属的时候，你们再来找我，我去替你们表扬他。"其实，表扬并不难，方式有很多种，比如和员工握握手，真诚地说一声谢谢，发一封感谢邮件或者写一张便条，甚至用手机群发短信，在局域网内发祝贺短信等。

激励是一种实践，也在实践中不断优化。

其次，要心有善念，善言善行。

胖东来"爱的经营哲学"在行业中有些另类的意味，但这不意味着胖东来排斥创新。恰恰相反，无论是经营管理方面的创新，还是顾客服务等方面的创新和完善，无不彰显胖东来的领先与进步。

建设公平、充满爱心的胖东来团队，营造轻松快乐、充满希望的工作环境，构建平等双赢、同舟共渡的合作关系，创造举世无双、亲密融洽的顾客关系……这些看似艰难的目标，胖东来从不放弃，一步一步踏实走来，不断使其成为现实。

于东来曾说，我觉得我不像是做企业的人，总是在思考怎样才能活得更自由、更阳光，一直在追求这种理念和文化，因为幸福与否取决于文化。

于东来不断地思考：办企业是为了啥？什么是爱？什么是幸福？如何让员工、顾客都能充分体验和感受到胖东来的爱，从而收获幸福？

### 03 用爱凝聚团队

爱是胖东来一直以来不断的追求。

对内部员工：胖东来周二闭店，春节放假，每年还能带薪休假一个月；为了保证管理人员能更好地休息，下班后必须关机；对受了委屈的店员，设有 500 ~ 5000 元不等的委屈奖；占据整整一层楼的员工活动中心，耗资 3000 多万元……

对外部顾客：在胖东来，对顾客的关怀可以说是无微不至，不仅设有婴儿哺乳室、残疾人厕所，在老年人专用的购物车上还放有放大镜和可供休息的板凳。如果在胖东来有买不到的东西，服务员会帮你代购且不加任何费用。此外，还有 100 多项的免费服务。疫情期间，很多商家将口罩价格提高到 10 倍以上，唯独胖东来，连蔬菜都一律按进价出售。

诸多事例揭示，胖东来的血液里流淌着"善良、奉献、友爱、诚信、成长、快乐"的基因。

在于东来的博客、会议纪要里，包括企业价值观中出现频率最高的词是"自由、快乐、轻松、幸福、个性""阳光、真诚、自信、健康、节制""尊重、信任、公平、正义"等，重点强调"自由"和"爱"。

下面，不妨分析一下这些理念的内涵。

第一组词本质上体现的是人的一种欲望，是不考虑外界，以自我为中心的心理预期。第二组词回归内心，通过自我心灵修炼即可实现。第三组词体现的是一种利他的信念，通过尊重和信任，让社会变得更加和谐、美好。

纵观胖东来的发展史，其文化基因里渗透着善良、奉献、真诚和友爱的精神，胖东来的实际行为体现得更多的是最后重点强调那组词的内涵。

事实上，在实体经济中谈自由是奢侈的，毕竟工作时间固定、岗位固定、责任固定，加之制度约束等，都限制着自由的发挥。无论怎么辩驳，制度和自由永远是一对矛盾，企业组织本身就是一种束缚。

如果将爱的理念贯彻，前面提到的系列问题或许就会迎刃而解。

推动星级评定是爱吗？是，能更好地服务顾客，员工自然没有理由反对。

周二闭店是爱吗？是，能让员工的身心真正得到放松。

人都需要爱。用爱凝聚起来的团队才会无往而不胜。

企业过度地将一线基层员工当作标准的执行机器，带来的就会是员工积极性和活力的丧失以及责任感的缺失，对于权责范围以外的事情便是少做少错。

然而，零售行业本质是靠人，经营管理中更重要的也是人而非商品。

商品是死的，人是活的，零售讲究的是靠人盘活商品。

## 04 企业的终极追求是什么

如果你留意，就会发现在于东来的话语里，出现频率很高的一个词：幸福。于东来对幸福这个概念的理解，有很深、很广阔的意境。

在于东来看来，企业的终极追求应是给员工、顾客、社会创造幸福。

远超行业水平的待遇，快乐、自由、公平的工作环境，坦白、真诚、充满关爱的人际关系，这些是员工获得幸福的前提。愉悦、爽快、舒心的购物环境，品质优良、安全放心的商品，细致入微的服务，是顾客从胖东来获得快乐、品味幸福的消费体验的基础。公民责任、企业担当，是胖东来自觉维护社会繁荣和稳定，积极参与社会幸福创造的一贯态度。这些，共同构成胖东来的幸福观。

如果说"公平、自由、快乐、博爱"构成了胖东来字面上的价值观和幸福观，那么，企业的日常行为，就是对这种价值观和幸福观不折不扣的诠释与映射。

无论是给员工加薪还是对利润进行二次集体分配，于东来始终在强调一种观念："这些钱给了他们，可能会使他们的生活更幸福一点点。"这就是他令人不解的"舍得"的目的。

位于胖东来许昌时代广场的员工健身中心、图书阅览中心、娱乐中心，免费供胖东来员工健身、学习、休息、娱乐。健身中心设施一流，图书阅览中心存书数万册，比肩一家中型专业书店或图书馆，这些设施投资数千万元，为的就是让员工放松、快乐，更好地成长，在成长过程中收获更多的美好和幸福。

在胖东来，一切经营活动和对外事务基本上都是透明的，坚决规避违法行为和暗箱操作、潜规则运作，这是一种积极正确价值观导向之下的企业行为方式。这种原则的推行，用于东来的话说，我们做企业是为了自己过得更好更幸福，但是企业做起来之后，一定要为促使社会更好更幸福尽自己的责任、尽自己的努力。

如果一直用商业的眼光，固然看不懂胖东来。胖东来在于东来的思想追求和价值观影响下，已然具有了从一个商业级企业走向哲学级企业的境界。这种哲学，不单指管理哲学，更指思想境界的不停提升和进步。

## 05 让社会更加美好

近两年，电商、新零售的话题充斥行业和舆论领域，很多传统实体店把经营困境归咎于电商的冲击，于东来直斥这种情绪是无知、无能、恐惧的表现。在他看来，社会是要发展的，科技是要进步的，零售行业必须接受新的改变、新的转型和提升，否则只能被淘汰。

于东来多次谈到，马云等人对中国社会和世界的贡献无法估量，对零售业的发展进步更是居功至伟。

于东来认为，没有马云，没有电商，零售业不会进步，很多企业只会自生自灭。

他不认同一些传统实体企业纵横捭阖和资本腾挪的手段。他觉得那些不靠实实在在的经营、不思创新却靠投机的零售企业是对社会不负责任，是极端功利的。

他说，胖东来永远坚持创新进步，保持先进性，但并非标新立异、哗众取宠，而是与时俱进，对先进文化和创新科技从善如流。

他认为，做零售要把心沉下来，要有强烈的创新发展意识，认真思考怎样能让互联网技术更好地提高实体店的效率和品质，这是未来网上和实体店结合要思考的问题，要实实在在地做这件事情，做好品质、提高效率，让顾客更便捷。一切为顾客而创新，顾客可以到店里也可以为顾客送到家里，这就是新零售。

他认为，来自电商的线上冲击不是坏事，这给一潭死水的传统零售进取、变化带来了动力，互联网时代，零售业一定要走向数字化，以及线上线下技术的融合。

以前纯粹是靠市场的原始需求推动企业发展，现在要靠创新能力和经营智慧推动企业发展。很多企业不愿面对这种变化，不去扭转这个困局，而怨天尤人。

他说，现在很多实体店企业整天埋怨网络、埋怨京东、埋怨阿里巴巴，人家付出了那么多的心血来造福这个社会，你还这么埋怨他们，那你丑陋不丑陋？我们应该用心去做好我们的事，把我们的实体店做好，和网上的这些企业联合起来，一起努力让我们的社会更加美好。

# 第五节　高执行力的背后是什么

2022 年 6 月 6 日，安徽某超市会议室里的讨论热火朝天。会议室 LED 背景板上显示着如下文字。

（1）提高执行力。胖东来的工作制度很严格，处罚很严厉，在这基础上的就是超强的执行力。超强的执行力是建立在严格的制度和管理上的，制度只有量化，只有严格执行才会有执行力。

（2）优质的服务。我们的职责就是为顾客提供优质的服务和良好的购物环境，让顾客满意是我们的宗旨，也是工作的基础，胖东来一直把顾客当成自己的朋友，真心实意地为顾客着想。

（3）不断学习管理方面的知识。由于没接受过这方面的教育，会影响管理的效率，作为管理人员要不断学习，不断完善自己，才能对企业的发展做出贡献。

这是这家超市总经理去胖东来学习后写下的感悟。同时，他向与会高管提出了如下问题：胖东来的执行力为什么那么强？我们应怎样提升团队执行力？

### 01 执行力 = 好的精神状态 + 专业能力

2019 年，胖东来许昌金三角店开业，可是开业以后效果非常不好，一个月亏损 70 万元，店长压力很大，天天愁眉苦脸。于东来问："你不开心，怎么让团队开心呢？"

为了帮店长卸下包袱，于东来将部分店员调到其他店铺，一个月省下 20 万元人工成本。礼拜二的闭店日不休息，一个月又多赚 20 万元。不关店商品损耗会降低 5 万 ~ 10 万元。这样亏损就降到 20 万元了。

于东来说："公司给你们 2 ~ 3 年的期限，每个月补助 20 万元。这样一来，你轻松不轻松啊？"店长马上就精神了。

他继续说："前几年，其他的费用什么都不要去管，就想怎样把团队做好就行。新员工业务不成熟，但工资只比正常门店低两三百元，还能达到近 5000 元。亏损还能拿这么多，员工开心了吧？"

精神状态好了，员工执行力就高了。年终这个店不但没有赔钱，算上折旧还赚了 100 多万元，也不再需要公司每年补贴 240 万元了。

员工虽然有热情、精神状态好，但每个人对"好的执行"的理解千差万别，怎样才能保证执行过程中不走样、结果好呢？

于东来的做法是把员工往专家的方向培养，专业才有执行力，哪怕是保洁员也要拿出工匠精神去做。

为了提升员工的专业能力，2008 年胖东来成立了实操标准小组，为各个部门的工作岗位制定了详细的操作手册和视频，如超市部、服饰部、电器部、珠宝部、医药部、餐饮部等；操作手册对卫生标准、工作流程、服务流程、销售管理等均做出了详细说明。此外，胖东来还非常注重培训，员工从入职开始，就需要经历一系列的培训，从仪容仪表、顾客沟通到店内卫生等都有具体要求。胖东来对员工的考核要求也相当高，不管是五星级、工匠级水平的员工还是停车保安，都会涉及英语考核，相关岗位的员工对产品的产地、原料、成本、特征等也都要熟知，以此不断丰富员工的商品知识，提升员工的工作能力。

好的精神状态＋专业能力，保证了胖东来的执行力。

## 02 制度是执行力的保障

胖东来的执行力是高工资带来的吗？

于东来的观点是：高工资是基础，在此基础上必须有严格的制度保驾护航。

高工资可以调动员工的积极性，增加员工的幸福感，进而形成强大的执行力。但执行力仅仅靠高工资无法长时间维系，胖东来与之配套的措施是，用公平的制度和成长空间来保障执行力。

胖东来有一套严格的制度，保证了良好的服务和团队执行力。在于东来看来，"只有严格的制度才能培养一流的团队"。

但制度的推行并不是一帆风顺的，2008年推行的时候也困难重重，不过于东来强制推行，执行下去也得执行，执行不下去也得执行，哪个部门做不到，就拿下这个部门。

怎样才能打造出一支执行力强的员工队伍呢？除了强行推行，胖东来主要通过两方面来保证：一是让老员工带新员工，每个新员工都有师傅；二是要通过胖东来的评估体系。

对于新员工，师傅会在其实习期满后给出一个评估，评估合格就可以正式上岗。实习期一共3个月，但只有1个月是按实习期发工资，另2个月的工资是按正式员工的标准发的。

员工为什么能按时保质地去做事呢？因为每个月都有考核评估，评估时如发现与实际有差别就立马调整，并根据这些实际问题再次调整岗位或标准。

在胖东来评估分三方面：一是对内评估，也就是管理层的巡场评估；二是月度评估；三是顾客对胖东来的评估，因为有顾客投诉，这是外部评估。内部和外部评估相结合，最终形成综合评估。

胖东来与很多企业的一个很大区别是，制度和操作守则不是公司自上而下制定的，而是上下结合，员工可以提出建议，公司根据员工提出的建议对制度和守则进行调整和完善，这样做的好处显而易见。对于惩罚，员工能接受和认可，也就没有了推卸责任以及放大企业的惩罚等负面理由。

### 03 流程标准化是关键

什么是好的执行力？每个人恐怕都会有不同的答案，因为人们对"好"的理解千差万别，但要提高执行力就必须有据可依。胖东来多年形成的制度和守则特别注重流程标准化，这是胖东来强大执行力的基石。

标准是怎么来的呢？是通过不断地测试调整，然后找到最佳解决方案。

举个简单的例子，胖东来的自营餐饮馄饨，在顾客中的口碑很好。为什么呢？因为有最佳的流程和标准。馄饨在水开后煮 5 分钟效果最好，还有一锅下 20 个或 30 个也是有明确规定的，这些程序和规定是胖东来的员工通过反复操作总结出来的，最后形成操作流程，固化下来成了标准。

胖东来像收集露水一样，把一些生活经验、科学道理、过往不足等不断总结下来，理成条目，集聚成册，成为实用宝贵的岗位操作手册。打开胖东来的网站就会发现，员工管理的条条框框罗列得清清楚楚，还有一套严格到变态的扣分制度。

这套精细化的科学管理系统对顾客问询、员工话术、仪容仪表、店内卫生等各项工作细节都有严格明确的规定，一旦触犯会有程度不同的扣分，且员工扣分后，主管也会被连带扣分，如果最终分数考核不合格会被降级或者直接免职。胖东来的管理层每年还有两次无记名民主评议，如果部门30%的人投反对票，主管也会被免职。

总之，不论什么级别的员工，工作中出现错误都会被对应着扣分，服务顾客方面的过失扣分尤其多，扣的分数多了轻则罚款重则被辞退。

因此，胖东来的员工每天像打了鸡血一样服务顾客，除了发自内心的热爱，也有背后的赏罚制度不断地在起作用。

这套极其精细化的流程标准和科学的管理系统，让员工在执行过程中始终有规可循、有的放矢，保证了执行不走样，从而形成了强大执行力。

## 04 把执行力文化升华成价值观

执行力是一个变量，不同的执行者在执行同一件事情的时候会得到不同的结果。执行力不仅因人而异，还会因时而变。

一家企业，要保证所有员工每时每刻都有超强的执行力并非易事。

诚然，胖东来员工的工资比较高，但要想拿到这些工资也不是一件简单的事。

在日常的运营管理中，胖东来对员工的奖励是毫不吝啬的，对犯错员工的处罚也是毫不手软的。胖东来的员工在日常工作中所面临的压力，也是很多其他超市的员工体会不到的。胖东来有不少离职员工，都是因为工作压力大顶不住主动离职的，能够留下来的几乎都是能独当一面的能力强的员工。

这一点是无可厚非的，俗话说有多大能力端多大的饭碗，通过这一筛选，胖东来成功地吸引了当地的优秀员工，打造出了一支高效强力的队伍。

在高工资的基础上，胖东来把执行力文化升华成价值观，最终体现在每位员工的行动上。

胖东来的一本内部手册上，对执行提出了以下三点要求。

（1）管理层的作为：管理层看到问题，如果视若无睹，是不负责和不作为的表现。制度和标准定出来，是谁的责任必须落实到位，不打折扣、不容忍是必须要尽到的工作职责。

（2）如果标准不合理、执行起来非常困难，可以修改标准，但是执行上不能松懈，标准就是标准，不能逾越。

（3）从上到下，养成"解决问题"的习惯，而不是"讲理由"的习惯。出现问题，去想为什么、原因在哪？接下来如何规避、如何改进？找理由说困难没有意义。

这些价值观，春风化雨、潜移默化地植根于员工心中，变成了员工执行力的内驱力。

在胖东来，管理层和员工都能很好地执行标准，让标准落地。每个人都在有序按照工作标准执行，在环境、人、货以及顾客的互动场景里都表现得淋漓尽致。

## 05 有奔头才有执行力

员工执行力不高，无非有以下几个原因：员工不知道干什么、不知道怎么干、干起来不顺畅、不知道干好了有什么好处、知道干不好没什么坏处。清楚了执行力差的原因，解决的办法也就变得明朗了，那就是要做到"目标明确、方法可行、流程合理、激励到位、考核有效"。胖东来的做法，无疑为行业提供了一套教科书般的答案。

胖东来通过细致周到、渗透人性的服务与顾客建立了亲朋好友般的信任；通过赏罚分明、设身处地为员工着想的极具人文关怀的管理制度培养了一支执行力超强的团队；通过一套科学的商超管理体系，让顾客、员工与胖东来之间形成良性的支撑。这便是胖东来强执行力背后的秘密。

为了把执行力落到实处，胖东来一直在寻找人情管理与制度管理的平衡点，这个平衡点就是让员工感到在胖东来有奔头、有未来。

为此，胖东来为员工的晋升空间规划了三个方向：管理型人才、专业型人才和技术型人才。晋升模式非常清晰。管理型人才，应该从普通员工向课助、课长、处助、处长、店助、店长进发；专业型人才，应当从营业员一步步成为岗位标兵、岗位明星、资深员工；技术型人才，应当从营业员一步步走向技术标兵、技术明星、资深技术员。

于东来认为，现在的很多企业不会带团队，不知道怎样提升凝聚力。在生存阶段，最起码要让员工能感觉到希望，不需要是很体面的工作，但要让这份工作能满足他们的需求，让他们感觉干得值、有奔头。

我们工作是为了什么？生活！

如果工作与生活无关、目标与生活无关，通过鞭策只能影响员工的短期行为，只有设定与员工生活有关的愿景或蓝图，才能影响到他们的长期动力，使他们实现自我激励，进而提高执行力。

要让员工有奔头，有奔头才有执行力。

## 第六节　员工工资越高，企业成本越低

在胖东来逛一圈，你会发现这里的员工都有热情的笑脸。

你抱着孩子，提着东西找路，就会有人直接放下手中的东西，带你到指定的地方。

你看到保洁阿姨跪在地上擦地，问她为什么不用拖把？她会说，这样擦得更干净。

### 01 行业奇迹

为什么胖东来的员工都像热爱自己的家一样热爱这个超市呢？回答这个问题，还要先从胖东来的招聘谈起。

胖东来的招聘可以说是零售行业的一个奇迹。

（1）招聘 50 人应聘 5000 人！

（2）营业员、收银员、保安的年龄要求是 18 ~ 25 岁，把年龄由原来的 22 岁提升到 25 岁，是考虑到很多大学生本科毕业就 22 周岁了。

保洁人员年龄要求 20 ~ 30 岁，这也就胖东来能够做到吧？

问题是为什么胖东来能做到？答案极其简单：高薪。

作为劳动密集型企业，人力资源在零售企业的重要性毋庸置疑，但还是

有很多企业忽略了这一关键要素，他们把人当成了成本。

美国商业杂志发表的一项研究报告指出：公司利润的 25% ~ 85% 来自再次光临的顾客，而吸引他们再来的因素首先是服务质量的好坏，其次是产品本身，最后才是价格。

在商品同质化日益严重的今天，服务已成为零售企业提供给顾客附加价值、实现差异化竞争的有效手段。用服务增值，就是要在商品之外提供更多、更好的附加服务来满足顾客的需要。

胖东来正是通过高薪激励来确保团队的服务质量。

表面上看，胖东来是给员工花钱，实际上该做法的基本原理在于，通过高工资可以在当地挑选到最优秀的人，用最优秀的人组成的团队去对阵其他竞争对手就非常有竞争力。这是胖东来成功的核心秘诀之一，花多一倍的薪酬，可以在市场上找到最优秀的人，而最优秀人才的产出是其他人的 3 ~ 4 倍，因此企业还是赚的。

当前，很多企业出现问题，第一个问题就是人力资源问题。整个行业要突破瓶颈，一定要补课，补人力资源这堂课，这堂课不过关，企业发展就会面临更大风险。

企业要通过提薪等手段，招到更好的员工。这样企业的人力资源部才能跳出"招人——办离职——再招人"的恶性循环，让他们有更多精力去从事培训和其他提升人力资源的工作，提升公司的人效。

另外，招到好员工和年轻的员工好处更多。他们会关注自己的成长，要成长就会沉下心提升自己的业务能力，与企业保持相向而行。形成合力后的企业，想做好还难吗？

卖场最好的装饰是员工的表情和眼神，一家装修和陈列做得再漂亮的卖场，员工的工作状态好不好，员工的表情和眼神会在不经意间表现出来，这往往被企业所忽视，而这个起点其实从招聘就开始了。

### 02 于东来的"算法"

很多企业总是对胖东来高薪、分钱这两个概念既分外关注又十分迷惘。其实他们是陷入了一种"恐惧心理"，怕自己的钱被员工分走。

在胖东来，分配机制十分透明，从来不用空口承诺、画饼充饥、巧立名目、变相盘剥这些把戏对付员工。于东来作为企业的灵魂，对员工只有一个态度，那就是：真诚。

胖东来加薪奖励等政策的调整，从来不指向未来，政策标准一旦形成，当日当月落实兑现，也就是说涨薪当月补上，不等下月。

胖东来有一套完整的经营考核体系，但绝非当下企业所奉行的 KPI 考核，而是始终把员工利益放在第一位，论功行赏，按贡献分配，不称职可换岗、下岗，但绝不借用经济处罚手段盘剥员工的经济利益，使其变成企业的隐形收入。

对门店和部门考核，费用科目从不增加项目投资利息，不进行资产折旧，而这两项数字，直接纳入门店和部门的业绩利润，照常参与分配。

而很多企业恰恰相反，每年所属单位单独考核的利润业绩中一定是要先行扣除摊销折旧甚至投资利率的，这也是行业财务运行规则。由于这两项开支的介入，下属单位和管理经营团队真正的利润数字要大打折扣。

举个例子，一座投资 1 个亿的商场，公司要对门店管理层考核，假如这个门店的年经营利润账面上为 2000 万元，扣除财务利率、摊销折旧后还剩多少呢？

一般情况下，企业投资房屋建筑为 10 年摊销期，设备设施是 5 年以内，房屋和设备投资比例假如是 50%：50% 的话，那么前 5 年每年要直接从经营利润中划走 1500 万元作为摊销，其中还不含有些企业设定的总部投资利率。就是说，这个门店管理层所剩的利润，也就是总部能够认定的业绩只剩区区 500 万元了！那么，再扣除上缴的利润之后，分配到门店每个人手上还剩多少？

胖东来不这样，胖东来就是实实在在地认定 2000 万元，分配方案也是基于这 2000 万元业绩制定的！

放弃一些东西，敬畏一种精神，说的容易，能和胖东来一样去践行，实在不容易。这也就是胖东来你学不会的症结所在。

其实，学胖东来并不难，难的是战胜自己，战胜自己的私欲。

## 03 不能把员工当作成本

研究表明，对超市一线员工进行投资是提升业绩的好方法。那么，为什么不是每个超市都会这样做呢？

主要原因是一线员工通常是超市企业可控制的最大成本支出项，可以占到销售额的 5%～8%，这在利润率低的超市企业中是相当大的成本项。另外，很多超市企业将其视为成本因素，而不是销售因素，将重点放在了降低成本上。

企业总部经常评估门店店长是否达到每月人工成本的考核目标，以防止店长把人工成本转化为销售利润。这些店长对销售达成的很多方面没有太多控制权（很难对商品组合、门店布局、价格或促销做出决定），但是对门店用工成本有相当大的控制权。因此，当销售额下降时，迫于考核压力，他们更多地会选择减少人员配备。只是减员的财务收益是直接和易于衡量的，而导致的不理想效果是间接的、长期的且难以衡量的。

再来看个案例：一家超市企业的负责人，采取减少全职人员配置和增加兼职人员比例的办法，降低成本，提高利润。这种措施立即使这两个指标产生了好的变化，但也导致对顾客的服务质量下降，使一些顾客的体验受到了损害。顾客满意度下降，后面的财年也出现了门店销售额从增长到下降的问题。

这种现象在零售行业很普遍。为了实现短期绩效目标，他们只能选择减员，即便他们也明白这会给门店未来的销售和利润造成一定的负面影响。

很多超市企业不但在一线员工数量上投资不足，而且支付的工资低，提供的福利和培训也较少。不可避免的后果是门店的人手不足，同时员工的离职率很高，员工的工作质量几乎无法保证。

门店每天要为几千名顾客提供服务，顾客到店时间又分布在营业期间的各个时段，遇到节假日还会有较大波动。在这种环境下，需要大量具有专业知识，熟悉企业各项制度、流程、标准，能够快速且顺利执行完整复杂的任务和计划的熟练员工，这样才能在正确的时间将正确的产品放置在正确的货架上。比如，陈列商品这样一项看似简单的工作，需要员工具备良好的判断力。经验不足的员工很难管理好出售的商品、很难清楚门店哪些后仓包含哪些商品、很难知道应该将哪些商品保留在货架上，以及将哪些商品移入和移出门店后仓……

现场服务也会面临一系列问题。比如，是否能够专业地回答顾客的问题；顾客寻求帮助时，是否能够快速地给予解决，让顾客满意。当这些需要熟练度和专业度支撑并持续发生的运营问题，由人手不足的门店中不是很专业的员工处理时，运营的后果可能会很严重。

为什么会这样呢？

因为企业把人当成了成本，没有考虑到人的能动性。

而胖东来则是用高薪充分调动员工的能动性，其积极的产出效益远远覆盖了人的成本。

## 04 让员工无后顾之忧

于东来认为，在目前国内的超市行业中，不加缴纳社保的费用，员工到手工资只要高于 4000 元，企业生存是没有一点儿问题的，而且在当地应该是非常不错的；如果是 3000 ~ 4000 元之间，能生存但是看不到希望，员工流失率可能在 50% ~ 80%；如果低于 3000 元，企业就会非常累。

于东来说："在待遇方面，我从来没有也没认真地给他们算发多少合适，只是考虑他一年能挣多少钱，办多少事，标准应该是，干上几年能解决在当地买房、结婚的问题，而且还能孝敬父母一些。"

"员工拿到 4000 元以上的时候，他们会自我管理，你不想让他干，他也会干，因为他珍惜这份工作；拿到 5000 元以上的时候，你不让他干，他会生气，因为他爱这份工作，他付出了真诚，是有感情的。"于东来认为，"这样的工资标准才能让员工无后顾之忧。"

于东来说的这个无后顾之忧的工资，在西方管理理论中叫"基线报酬"，代表报酬底线的工资、劳务费、福利以及一些额外收入。如果一个人的基线报酬不够多或者分配不均，不足以保障员工的基本生存需求，他的关注点就会放在其处境的不公以及对环境的焦虑上。

于东来给员工发较高的工资，就是出于这样的考虑，而时下有一些企业主把员工当作成本，工资能开多低就开多低，用低工资来降低企业成本。

"要让创造财富的人分享财富。"于东来这句看似平常的话并未引起企业家们过多的注意，而实际上，这句话背后大有深意。

于东来从 1999 年开始酝酿分股份，他说："分了股份，他们会更用心地去做，因为他们也是企业的主人了。"

2013 年，在接受电视采访时，于东来更是满怀深情地说："我希望你们都成为这个企业的主人！"

"1999 年以前，胖东来和大家一样只是为了生存。1999 年开始，我说'我要做一个伟大的人'，当时很多人觉得'你是个傻子，不正常吧'。"于东来回忆道。也就是从这一年开始，他拿出了 80% 的利润分给员工，而他的目标则是"将公司利润的 95% 都分给员工"。

于东来把大部分利润分给员工，其实换个角度看就是把员工当作合伙人，视同股东。这是一种现代企业治理制度的落地。很多老板去胖东来学习，学管理、学品质、学服务，却不去学利益分享，不改变把员工视为成本、工具的做法，如何能让企业做到胖东来的境界？

放弃企业绝大部分利润是很多企业家无法接受的，也是很多老板看得到却做不到的核心点之一。

### 05 调动人的主观能动性

于东来谈如何分钱时强调："要建造一个相对公平的环境，政策不能随意制定，我们的制度一定要合理。只有合理，才能让我们请的人、雇的人，让他们在这里感觉到快乐，感觉到放心，我们才能更好地合作。"

在胖东来的系统架构中"合理的机制、体制"包括两个方面。

何谓"机制"？机制原意是指机器内部各零部件之间相互作用和相互制约的关系，而用在企业内部，指的则是各部门之间相互作用和相互制约的关系。

机制建设包括两个方面。

一方面是建立组织架构。胖东来的组织架构分为前勤操作系统（业务）和后勤支持系统（管理）。前勤操作系统采用"类事业部矩阵制"模式，同时强调业务要在管理下开展，即所有前勤的工作标准都是由胖东来的综合管理部——人力资源部统筹制定、督促检查执行的，由此才能造就一家"管理型的企业"。如果反过来，经营行为由前勤说了算，那就不可避免地会出现一些短期行为，危害企业的长远健康发展。

另一方面则是制度的制定。胖东来整个制度的制定皆由人力资源部统筹，在人性化企业文化理念的指导下，遵循"激发员工内驱力的柔性管理＋严格的制度刚性管理"原则，胖东来的制度体系独具特色。

何谓"体制"？主要指的是企业所有权，通俗地说，就是怎样分蛋糕的问题。

前面已经介绍过，于东来考虑给员工分股份是在 1999 年，那时胖东来旗下已经有 7 家连锁超市和 1 家量贩鞋业店。

从第一家分店——胖东来五一店开始，对于新开的店，于东来就放手让他们自主经营，当时店长的工资一年已经能有十几万元了。

开始"股份制"改造，实际上是遵循"劳动力权"理论，充分肯定劳动者创造的价值，让他们"分享企业治理权与剩余权"。

股权设置，按理说是非常专业化的事，但胖东来的股权设置方案是于东来牵头制定的，为什么说于东来"会分钱"呢？他确实有点儿"无师自通"的味道。

胖东来股权设置方案的核心内容是，实行"岗位股权制"，而不是员工出资持股；股份不是固定的，随着员工能力的变化或者岗位的变化，股权也会变动，胖东来的用人原则中非常突出的一点是——能上能下。这样就让股权始终掌握在能为企业创造较大利益的核心员工手中，保证企业旺盛的生命力。

胖东来着重强调"岗位股"，明确了股权收益与岗位价值的高度相关性，即"强调岗位的重要，而削弱个人的作用"。同时，这种体制的重要价值体现在，使货币资本和人力资本融为一体。股权的收益是胖东来员工总体收入中非常关键和重要的部分，这样就创造了一个让员工用自己的劳动和才能来参与公司治理、分享利润的模式，将员工利益与企业前途紧密结合，从而激励核心员工。

通用电气集团 CEO 杰克·韦尔奇说，工资最高的时候成本最低。

看起来似乎有悖于逻辑，但其实这才是真正符合人性的，因为人是有积极性和创造性的，那些把员工看成成本的企业主，只考虑到会计成本，没有考虑到机会成本，没有考虑到人的能动性。

这就是他们和于东来的差距！

**Part 3** | 第三章

行业科学家

# 第一节　老板抓卫生

胖东来卖场里的卫生，可以用四个字形容，那就是"一尘不染"！

在胖东来，无论是货柜、地板还是商品，都没有一丁点儿灰尘。卖场里的每个垃圾桶都亮闪闪的，并且垃圾不到一半就会被清走，呈现给顾客的永远是一个似乎未用过的新垃圾桶！

一尘不染背后的故事是：所有员工一旦面前没有顾客，都会自觉地拿起手边的抹布擦擦擦！不仅是柜台，每件商品、每个包装箱都被一遍一遍地擦拭，保证每个角落、每件商品顾客拿在手上都一尘不染！

据说，胖东来一个商场的清洁工多达 500 名，包干到片；据说，于东来有洁癖所以对清洁度的要求很高；据说，员工守则里最重要的一条就是清洁……

这些据说无从考证，但我们知道，在一个如此干净的购物环境里，顾客的心情会很愉悦，甚至会愿意逗留一天，在此购物、吃饭、看电影等。

这不就是胖东来追求的吗？

## 01 "变态"的细节

地砖一个缝隙一个缝隙地擦，就是为了给顾客一个更干净、更舒心的环境。

9 点钟，胖东来开门，一大批顾客涌入。

胖东来的清洁工平均行进 70 步，就能完成清扫动作 6 次，其间还要弯腰捡垃圾并把垃圾放入推着的清洁车里，且要保证清洁车的光亮干净。这套流程经过胖东来员工的反复实践，写进《保洁实操标准》，成为标准和制度。

在清扫方面，让人觉得"变态的"，是保洁员工作中的一些小细节，他们蹲在地上一个缝隙一个缝隙地擦拭着瓷砖，一点儿污渍都不放过——他们要环境一尘不染。

于东来检查卖场时最看重的一项就是卫生。

不得不让人感叹：这"细节控"，真的是从上到下都在完美地实行啊！

有一句名言是这样说的：细节，决定成败。

一些细节，别人不做，你做了，并且做得好，那么你就能成功。

胖东来的卫生一直是行业公认的，如此简单的事情为什么别人都做不到呢？或许胖东来只是比别人多做了一点点，正是这一点点形成了它的特色，帮助它最终成为行业标杆。

夏季，卖场内生鲜区域果蝇和小飞虫等的出现，是困扰生鲜部门的主要问题。在胖东来，放眼望去，看到的只是新鲜的商品、美观的陈列，看不到飞着的虫子。为什么胖东来能做到？

如果你仔细观察胖东来的垃圾桶和下水管道，会发现它们不仅洁净还无异味。对此，胖东来的员工给出的答案是："除了每天的随手维护外，每周至少大清理一次，把井盖打开用专业工具把下水管道周围的污渍清洗干净。"

严格的标准、彻底的执行、持久的坚持，营造了一道蚊蝇进不来的屏障。

这些地方我们在卖场不容易看到，但对于胖东来的后勤部，它们的清洁是大事。在幕后、深夜，抑或周二闭店休息日，后勤部会进行专业的驱蚊虫、蟑螂等清理防护，以保障卖场内卫生环境的洁净安全；请专业的清淤团队，给容纳各种污渍的下水管道"洗洗澡"。

无论哪个角落，干净、卫生是胖东来坚守的常态！

从胖东来的外围到卖场内，大方面、小细节，每一位胖东来的员工都在坚持守护着。那些看似不可控制的结果，都由一个个可控制的因素决定，坚持去做就会不同。

胖东来高标准的卫生环境，仅仅靠保洁员吗？不是。在胖东来的很多区域，你看不到保洁员的身影。胖东来最本质的卫生体制是全员保洁，而且这些员工是自愿去干的，而非公司强制。如果你去过胖东来的卖场，会发现，如果没有顾客，胖东来的员工不会闲着，而是在忙着搞自己所在区域设备及环境的卫生。

这就不难理解胖东来卖场为什么那么整洁干净，胖东来为什么会有这么高的卫生标准了！

## 02 一个人和一套制度

2002 年元旦，胖东来生活广场开业的时候，半个月不到换了两家保洁公司，后来改为自己保洁，于东来亲自抓卫生。几天下来，于东来生病了，去上海疗养，卫生管理工作由于东来的二哥于东明接手。

于东明接手后，发扬拼命三郎的精神，不到一个月，就因劳累过度病倒了。

于是，于东来派胖东来集团有限公司总经理王靖华亲临现场主抓卫生工作，半个月后，因工作不力，临时换将，由胖东来有限公司副总经理史延伟接替，其工作仍然让于东来不满意。

这种情况下，于东来问当时总部的一位管理干部任少英："让你来管理生活广场，卫生你能不能抓起来？"

任少英对于东来承诺："我可以！给我 5 天时间，我做不好，你开除我！"

就这样，任少英临危受命，担任胖东来生活广场的总经理之职。任少英没有辜负于东来的厚望，结合到国外先进企业学习的管理经验，最终把胖东来生活广场的卫生带上了一个新的台阶。

任少英用 5 天时间把卫生搞上去的方法是：

第一天：登记所有处、课的员工名单并要求每位员工照相，打印四寸照片，以及把所有区域和货架编号。

原因是任少英对胖东来生活广场的管理干部和员工并不熟悉，为了便于自己在巡场中看到卫生不整洁、责任区域员工没有在服务却不做保洁等现象时，当场予以处罚。

第二天：将超市的货架通道和货架的上部、下部，货架下面的地面，以及货架上放置的商品等的卫生，划分给所负责区域的员工，并要求负责区域的员工，在相邻主通道和公共区域在保洁人员能力不能达到时，且没有为顾客提供服务时，必须前去支援，以确保区域卫生环境的整洁。

第三天：全体人员在店长、处长、课长的带领下彻底做一次保洁，店长带领处长检查各处，处长带领课长检查各课，保洁达标方可下班。

第四天：任少英带领 4 位保安，带着梯子开始检查，任少英手戴白手套，对货架上方、货架下方、货架下方地面、死角位置等一一仔细检查，对于卫生不达标的，从店长到处长、课长，再到所负责区域的员工都予以处罚。

第五天：卫生达标了。

周一，员工只负责周一区域商品的卫生以及对产品生产日期的检查，这样既保证商品的整洁，又保证没有过期商品出现。周二，检查周二所对应的区域，周三检查周三所对应的区域，以此类推。

在此基础上，任少英总结出一些基础做法并逐渐形成了一套制度。

胖东来因为划分区域、责任到人，科学利用了人力资源、科学的实施方法，因此卫生才这么好。

## 03 用机制进行体验管理

为什么要做好卫生呢？

因为卫生的背后是顾客体验，好的体验才能留下顾客并产生复购。

在胖东来，跟顾客接触最多的是一线服务人员，胖东来对顾客的及时反馈并没有用现在行业推崇的数字化或者算法来实现，而是完全靠人驱动。所以胖东来是靠品牌跟人的互动关系不断向前发展的。

胖东来在经营层面做到了全面体验管理，从而不再追求客流量、客单价和复购率，追求的是顾客的全生命周期管理。只要顾客不离开本乡本土，这一辈子都会到胖东来买东西，从小孩到老人伴随着顾客不断成长。

胖东来除了在业务层面做了全面顾客体验管理，最重要的是在组织层面打通了跟业务的衡量指标，与业务部门形成共振，进而打造出商业闭环。

胖东来是通过机制进行服务体验管理的。比如，胖东来的超市里到处都放了小按钮，只要顾客有问题摁了小按钮就会有人到场进行服务，并不用专门派人在固定地点守着，等顾客来咨询或投诉。顾客如果能够对商场或者某个地方提出不满意或建设性意见，直接奖励现金 500 元，这样也可以通过顾客监督的方式不断提升优化体验。

胖东来是通过顾客来倒逼自己去优化体验管理，而不是通过要求来优化。正是因为从头到尾导入全面体验管理，让机制自动化地去流转，所以不需要太多人介入。胖东来有 400 多个各个细节管理的文件，利用这些来对员工进行训练，以达到标准化、自动化的程度。遇到问题之后员工完全可以基于公司机制做判断，如何服务也不需要请示上级，这就可以大幅度降低人为干预的成本。

### 04 浓厚的于东来个人色彩

胖东来之所以能成为胖东来，能成为国内零售商的突出代表，与于东来本人直接相关。

多数时刻出现在公众面前的于东来，厚道、亲和，热衷分享文化理念，自由、爱、幸福、生活是他口中的高频词，艺术、哲学是他认为的终极追求。

与此同时，他也是一位非常强调专业和标准的零售人。于东来很早就开始学习先进零售经验，有了建立服务标准的意识。基于此，胖东来很早就着手搭建内部员工实操标准体系。

1999 年 8 月，胖东来制定出了第一本《员工手册》。

2008 年，胖东来成立实操标准小组，为各个部门的工作岗位制定详细的操作手册，这些涉及七八个部门 100 多个岗位的内容在胖东来官网不断更新。

而且，它们由主管和员工自己制定，而非公司指定。

各个岗位的实操标准非常详尽，比如对封装标准的介绍会具体到单个产品。如芦笋、西芹、大葱等的外观标准以及应该怎样摆放，每一个都有单独的介绍。

去胖东来观察，就会看到在这种标准要求下的员工工作场景。

所有同类商品的陈列都是一个朝向，哪怕是不规则生长的水果，也尽量如此；员工补货时会先简单擦拭商品，然后再将其放上货架；饮料区的员工补货非常及时，顾客刚买完单就有服务员整理货架，保证一眼望过去整个货架整整齐齐。

于东来非常强调员工的专业性，无论这个员工是门店经理还是消防抑或电工。

他认为，消防人员应该对消防器材的材质、阀门、接口、工艺质量等国家标准非常清楚；电工也一样，对线的质量、接口工艺的质量、多少平方的线能带动多少负荷的电流等都要知晓。

于东来在面向店助及以上管理层的讲话中，多次强调专业能力。胖东来官网也有专门的"专业知识"板块，介绍商场内出现的具体产品，且多数配有视频。

# 第二节　精细化管理

什么是精细化管理？每个行业、每家企业对其的理解都不尽相同。

胖东来对精细化管理的定义，是建立在员工专业化基础上的。于东来在会议上提出员工要成为"行业的科学家"，就是要求员工基于科学依据做事，对每一件商品、每一个环节都要用专业精神去做，让员工成为有知识、有能力的人才，让企业发展得更健康。

日本东京的羽田机场，隐藏着一位国宝级匠人，她是清洁剂专家，对80种清洁剂的使用方法倒背如流，并能对污渍产生的原因进行快速分析，根据不同地面材质形成的污渍使用最佳的清洁剂清理。因此，东京羽田国际机场连续四年被评为世界上最干净的机场。

同样的领域、同样的追求也在胖东来的卖场上演，但你并不会看到，因为他们只在晚上和周二工作，给卖场的地面及各个角落进行专业的清洁、打磨和保养。

当我们感叹胖东来的地面为什么一直这么明亮干净的时候，正是因为有这样一个专业的团队在坚持不懈地做着专业的事情。

建立在专业化基础上的精细化管理，是企业发展的有源之水、有本之木。

## 01 专业力是基础

优秀的企业之所以优秀，就是因为能够不断地与时俱进，并站在顾客的角度去深刻理解商业最本质的东西，更好地以顾客的逻辑做好精细化，提供越来越人性化的服务。在许昌的胖东来卖场，我们被精细化的管理和服务深深感动。

在许昌时代广场的胖东来，可以清晰地看到蔬果的价格标识，并不是只简简单单地标注着商品的重量和名称，商品的产地、甜度、监督人的名称以及商品的可追溯系统的二维码都标注得清清楚楚。站在顾客的角度思考问题，有这样的价格标识体系等于有了很好的服务标准。

蔬果区域对每一个单品糖度值都有说明，瓜果类商品都有明确的糖度值介绍，再加上商品的试吃体验，让顾客充分地认识到好吃和健康是选择蔬果的重要因素。另外，还将商品知识很好地传递给了顾客，比如告诉顾客普通番茄与普罗旺斯番茄的区别，让顾客在购物的时候做到心中有数。

此外，胖东来从经营理念到管理机制都充分体现了组织对员工的尊重和关怀，努力营造轻松和谐、自我激励的工作氛围，培养一种齐心协力、配合默契的团队精神。于东来希望每一位员工都可以成为企业的超级员工。

胖东来的专业培训扎实、详细，且可操作。

仅《超市部·蔬果课实操手册》的PPT（演示文稿）就有228页，销售管理、陈列和加工细节面面俱到，图文并茂。比如，加工西瓜分为6个步骤，其中第二步是"偏离中心1厘米，分成两半"。另外，对不同水果蔬菜的扎捆方式、陈列方式、软垫特性、摆放层数、洒水保鲜等都有明确要求。

## 02 商品力是关键

服务的本质是满足顾客的需求，细节为一方面，专业为不可或缺的另一方面。超市营业看似技术门槛低，但空间布局、商品陈列、物流人员配置及流程等，深究起来都是复杂且专业的学问。

胖东来致力于将操作标准规范化和流程化，提高服务专业性、便利性的同时不牺牲其品质，这一点在胖东来的商品管理上体现得尤为突出。

做超市要懂超市，懂超市本质就是懂商品，其他一切都是辅助。首先要保证商品的品质好，其次价格要实在，最后要有合理的利润，企业才能获得良性的发展。另外，超市的商品也要有独特性，它的品质要符合企业的理念。

例如，一只烟灰缸，所用材质是几级的玻璃？多少钱一克？要用多少克？加工成什么样？加工流程是什么？加工费是多少？设计费是多少？要做多大的量？这些都要一点点地算出来。

做商品必须要用科学的数据说话，而不是靠经验和意识形态。如同医生治病，要讲清楚病因、病况、几套治疗方案……根据人的身体状况以及不同的特质对症下药。这些东西真是太深了，有心人才能持之以恒。

这样的专业力，在胖东来处处都能得到体现。

比如，在胖东来的水果区域，我们可以看到其对商品的绝对自信，对西瓜、甜瓜的量感陈列，完全做到震撼而舒适，主题水果区域的展示更是做到了极致，芒果火龙果系列、西瓜甜瓜系列、菠萝凤梨系列等都分别做了主题展示。值得一提的还有蔬果切片售卖，不但几种水果拼盘做到了保鲜保好，而且用数字标注了吃水果时的甜度口感、由淡到甜的品尝顺序，让顾客深刻感受到了开心与舒适。

在胖东来，可以深刻感受到优秀商家在商品管理上的专业能力。

对商品不断的深入研究与深度挖掘让更多的顾客得到应有的尊重，这才是今天商家必须要做好的事情。这一切是那么朴素，又是那么亲切自然，胖东来商品精细化的故事还有很多很多，在此就不一一列举了。

胖东来对商品的精细化理解绝对超过一般人的想象。这家讲究商品艺术性的企业，更愿意用爱心去对待商品，对待商品有爱心就等于对顾客有爱心。而有爱心具体表现在对商品精细化的深度理解上，值得同行学习。

### 03 门店是精细化管理的呈现

门店是顾客购物的场所，也是企业和顾客交流的桥梁，做好门店管理对零售企业来说极为重要。

胖东来的门店管理非常精益，主要体现在其把员工的职责标准做得非常精细，公司的规章制度可执行、专业化、精益化。

为了落地管理制度，胖东来专门设立了一个岗位实操小组和一套岗位实操标准。这个实操小组由各部门精兵强将兼职组成，目的是让公司每个岗位都有工作标准、组织和监督各部门的实际情况、制定岗位实操手册，并听取一线员工的反馈意见。

这套实操标准是由一线员工制定，从实践中来，保证了标准的可操作性，也满足了新生代员工的需求——个性的发挥和创造性。

除了管理制度的精益化，胖东来在门店服务方面做到了极致化。本着照顾好每一位顾客、服务好每一位顾客的原则和目的，胖东来要求售前、售中、售后服务等方面都必须让顾客满意。

售前，胖东来在门店中专门设立了带有休息凳的老年购物车，方便老年人行走劳累时使用；为带宠物的顾客，专门设立了安全的宠物笼子。更不可思议的是，胖东来会在显著位置提醒顾客理性消费。

售中，胖东来门店的陈设堪称典范，规划整齐，一目了然。每一种商品前面，胖东来都对其进行了特别详细的描述，产地、原料、生产日期、如何使用、注意事项等。

售后，除了承诺"不满意就退货"外，胖东来还有很多项免费服务。

只有完善的售前、售中、售后服务才能让顾客满意，这必须靠个人及团队的专业知识和能力来保障。让顾客满意以及买到最适合的商品，是员工的成就和最大价值，而售后是弥补售前、售中能力的不足，保障顾客利益的最后一道防线，所以要做得更好！

一名优秀的零售业员工，要精通专业，也要非常尊重商品的价值，一切为顾客考虑，无微不至地为顾客着想，懂得尊重每一位顾客，让顾客彻底放心、开心幸福地消费。

胖东来的员工做到了这点，并且做得很极致！

## 04 管理者的素养是保障

企业的生存发展，必须要依靠提高管理水平，实现精细化管理。

如何才能实现精细化？精细化究竟该从哪里入手，向哪个方向进行？

首先，做好精细化管理离不开人，特别是管理者。

于东来对管理者素养有一段精彩的论述：做一个有价值的企业，就像过去的黄埔军校或者西点军校一样，出来的每一个学员都不是熊兵，都不是普通人！也许不是最有能力的人，但都是有素质、有思想的人，都是一个人才！思想、格局、品格、意志、思维……各个方面都得是超出常人好多好多，当遇到问题时，普通人看来很困难，但是到你这根本不是事儿。所以说，胖东来要像西点军校那样，成为世界上最伟大的零售大学，出来的人一定得是这样的人！

如果你没有这样的一个目标，就不要往管理上走，因为根本就不配进入管理层。没有这个热情，你只是看重钱和职位，怎么配得上呢？必须得有崇高的热情和信念，这是管理层最基本的一个底线和标准！

其次，做好精细化管理要求管理者注重细节。

天下大事必做于细，天下难事必做于易。

离开办公室随手关灯，开会时将手机调成震动，与顾客交谈时注意一字一句、一言一行是否恰如其分。这些事情很小，谁都可以做到，但不是谁都能每天坚持做好。也许，随手敲错键盘上一个字母，会造成收银款项的些许不当；也许，随口的一句错话、一个无心的举动，会让顾客反感并离去；也许，一根毛发或者一只微小的蝇虫，会使商品的质量信誉大打折扣，甚至丧失一整片销售市场。

工作中出现或大或小的问题，其实大部分都源于一些细节、小事没有做到位。对于很多事情来说，可能执行中一点点细微的差距，就会导致结果产生很大的差别。我们常说，工作中要追求卓越。其实，卓越，并非高不可攀，也不是遥不可及。只要管理者认真地从自身做起，从日常中的每一件小事做起，并把它做精做细，就可以达到卓越的状态。

## 05 精细化管理需要协调持续地推进

精细化管理也是系统性管理，需要整体配合才能够发挥很好的实效。它的短板效应是很明显的，也就是精细化管理的成效不是依照某一个先进部门的高水准的精细化程度而定的，而往往由企业内精细化程度最差的落后部门和环节而定。如果我们细细地去体验一下，应该不难得出这一结论。

比如，某企业的商品管理部门已经做到非常精细化、非常量化了，商品部内部的运作流程已经制定得相当科学规范了，而且也确实在规范地运作着，如果营运部门还处在比较粗放的管理状态下，那么商品的展现力和销售力就会大打折扣，商品部门煞费苦心做的一些设计安排就会效果甚微甚至毫无效果，此时，整体的商品管理的绩效自然就是由相对落后的营运部门这块短板来决定的了。

所以，要持续地推进精细化管理，做好部门之间的配合平衡，使部门之间能够基本保持相互协同的步伐，而要做好这一点，团队建设是关键。为此，胖东来创办了专门的人才开发中心基地，选拔流程包括选人、育人、用人、留人四个环节。

员工渴望得到认同和成长，需要有值得信赖的工作氛围，因此胖东来不断地强化现有的体制和制度以构建良好的工作文化氛围。

首先，通过员工满意度调查和各类关心关怀项目深入了解员工的所想所需，在不断的沟通交流中倾听员工心声，构建为员工解决问题的常态化体制。同时，从日常工作中挖掘并培养各类人才，致力于员工自主学习、自我成长，实现人性化的自主性人才开发。此外，为了让员工更好地理解专业知识，胖东来每年都会对员工手册进行调整和修改，建立标准化、规范化的管理制度。

其次，面临员工老龄化的问题，胖东来积极培养和引进下一代人才。充分发挥公司内部老员工、老干部的传帮带作用。早些年胖东来就启动了内训师计划，希望新员工通过现场体会，将老员工的特长和独特的思维方式传承下去，以提升他们对零售业的认知和现有的工作效率。每年在不同节假日，针对不同的部门和人员进行定点教育和培训。

在胖东来的卖场，如果有人拍照，员工在理货的时候会很礼貌地避让开；收银员在结账时，如果看到顾客的食品和非食品混装在一起，会再给顾客一个小袋子，帮助顾客将一些容易散发味道以及易散漏的商品单独包装；当顾客问到商品细节的时候，员工完全做到有问必答。

胖东来的优秀体现在各种细节上，细节是精细化管理的具体呈现，并最终以文化的形态植根于企业。优秀的商业文化一定是以尊重顾客、认同顾客，让顾客真正喜欢来你的卖场为根本的。

## 第三节　高效的供应链

对零售业来说，商品是永恒的支柱。

作为一家开在三四线城市的商超，胖东来却有着比肩一线城市商超的商品丰富度，在许昌逛胖东来的体验，和在北京、上海逛沃尔玛、永辉并没有什么本质区别。品类丰富、人无我有，一直是胖东来的突出优势。

"在胖东来，没有你买不到的商品"，是很多胖东来忠实顾客对它的评价，这并非夸张。一是因为胖东来自身有非常丰富的商品结构体系；二是它可以服务于顾客需求，去帮顾客采购到他们想要的商品。

能做到这点，背后依靠的是强大的商品组织能力以及高效的供应链。

### 01 打造供应链雏形

相较于服务理念的直白传递，对于零售商来说，商品力的打造和顾客心智的建立是一个更为缓慢的过程。

胖东来虽然靠服务力吸引了顾客的到来，但他们对胖东来的商品质量并不是立即就产生心理认可的，需要几次真正的消费才能慢慢确认。

胖东来在服务和商品之间建立起了这样的关系：服务好，顾客愿意去；去了后慢慢发现商品质量也不错，就这么养成了去胖东来消费的习惯。

坦白来说，整个中国零售行业在结构化的商品力打造方面都做得不尽如人意。

中国零售发展的 30 余年里，前 20 年在经济腾飞的大背景下，依靠廉价的土地、人口红利和巨大的市场空间，国内零售商收获了一段高收入与高增速并存的黄金时期。蒙眼狂奔就能赚钱的时代，几乎没有人会选择修炼内功和精细运营。

在以通道费模式为主流的经营方式下，零售商之间的商品同质化更是严重。直到当下，国内零售商在商品力上依然有所欠缺。

在这种时代背景下，胖东来早早强调对商品力的重视，已经是一种非常先进的零售理念。胖东来重视商品力的表现之一，是早早参与"四方联采"。

早在 2001 年，为抵御国际巨头的入侵，河南四个区域零售商洛阳大张、许昌胖东来、信阳西亚和美和南阳万德隆，自发进行联合采购，组建四方联采。

通过四方联采，成员之间可以共享优质供应链，并通过扩大采购规模降低成本。比如，早期其他 3 家就依赖洛阳大张在生鲜供应链上的优势，将生鲜价格压缩到比家乐福等大品牌和批发市场还低，甚至当时一些批发商都要到这 4 家进货。

后来，四方联采不仅共享供应链，还共享财务数据、数据资源，每月进行业务交流会。到 2006 年，四方联采加入 IGA。

这是胖东来供应链建设的雏形。

时至今日，尤其是胖东来和大张，依然是国内优秀零售企业的代表。

## 02 完善供应链体系

胖东来的商品不是最便宜的，却是卖得最好的。

之所以能在这场战役中胜利，胖东来靠的不仅仅是优质的服务，还有 2000 年前后的一系列革新，从供应链整合到自有商品开发，构建了经营的稳固地基。

对于商超来说，利润率不高，压缩成本非常关键。只有在供应链端拉紧，才能守住稀薄的利润空间。而供应链恰恰是商超最难做的部分，蔬菜、水果等品类的储存、运输，极其考验供应链管理。而当店铺多到一定程度时，进货、储存、调配、运输等环节如能做好整合，不仅可以尽可能地保证食材的新鲜，还能省去一大部分费用。

于是，在开设了一些分店后，胖东来在 1999 年建立了配送中心，方便直采货物的中转和向各个门店配货。

另一方面，四方联采的组建，让胖东来以更大的量换取了更优惠的价格，获得了优势。

随着规模的不断扩大，胖东来也逐渐积累了稳定的供货商资源。因为货物批量大、不拖欠货款，许多优质的供应商非常愿意与胖东来展开合作。叠加物流配送中心的作用，能高效调动各个门店分销产品。

供应链体系的完善，为胖东来的稳定经营奠定了基础。

胖东来利用自己在许昌、新乡甚至在全国的影响力，从供应商那里拿到最时尚、最新的品牌。这些厂家也愿意给胖东来大力的支持，甚至免费提供商品，因为很多供应商坚信，商品只要能摆上胖东来的货架，影响的将是全国的商超，因为全国各地来这里学习的商超企业络绎不绝。同时，胖东来也非常善于经营。很多其他企业卖不动的商品，在胖东来都能够卖得很好，这体现出其极强的经营能力。

而这些背后的核心原因是卓越的供应链建设。

### 03 商品力进阶

通过四方联采奠定商品力基础后，胖东来开始通过在商品结构上兼顾本地属性和新奇特商品的方式，形成自己的差异化竞争力。

胖东来的商品管理大体上可分为两个板块：一是企业内部的品类管理机制；二是针对供应商给出的合作条款。综合之下，才有了当下的门店效果。

从其内部来看，胖东来针对商品设置了一系列细分流程，涵盖新品引进、价格管理、信息维护、库存管理、商品淘汰、营销管理、商品缺货等多个环节。

拿新品引进来说，胖东来会根据 6 个标准综合选品，包括针对商品品类缺失或季节性商品的缺类商品、具有新功能或新上市的商品、因其他原因已上市但未在胖东来销售并值得引进的新进老品、用以替换该商品分类中滞销或毛利率低的替换商品、用以提高公司商品档次完善商品结构的形象商品，以及经常在各类媒体中宣传推广的广告商品。

在胖东来卖场中，随处可见小贴士，上面写着：由于陈列位置有限，如果您在卖场购买不到所需商品，可以留下您的联系方式，我们将单独为您采购。这一方面帮助胖东来了解顾客需求，提升服务品质，从而增强顾客忠诚度；另一方面也为胖东来了解商品流行趋势，为培养顾客社群打开通路。

依托对供应链的不断优化，胖东来的商品力不但提升明显，而且形成了差异化。

### 04 与优秀的供应商互利共赢

胖东来运营机构中专门设有独立的采购部门，建立了科学合理的供应商评价制度、标准和采购流程，在确定每类商品的合格供应商之前，都要对他们进行充分考评、筛选，和优秀的供应商建立合作关系，直接从生产厂家采购商品，避免了中间流通环节。

胖东来有一张决定供应商去留的评估表，根据销售、利润（销售毛利、返利、费用）、缺货率、支持度（促销、售后）、日常管理来评分，分为优秀、一般、淘汰三个层级。

随着商场销售能力的提高，销售额直线攀升，商品周转率不断加速。调查显示，胖东来的顾客满意度比率高出当地另一商场 20 个百分点、每周到胖东来购物的金额也高出一倍多。

胖东来商品的销售量大，供应商对其非常重视，胖东来也从来不以自己销量大为筹码压榨供应商，供应商非常乐意与其建立长期稳定的关系。胖东来商品流通速度的提升给供应商创造了大量需求市场，让供应商有稳定的订单，能够合理地组织生产，其生产成本也会相应下降，并有条件向胖东来让利。

另外，胖东来与供应商建立了有明确规则的财务结算体系，彻底消除了供应商被拖欠货款的隐忧，和供应商互利共赢，形成了良性、互信的购销体系，从而让胖东来的供应链极为稳固。

胖东来不仅与商品供应商形成紧密的互惠共赢关系，与新店装修的工程、设备等供应商也形成了良好的共赢关系。每个新店的门口都会悬挂一个供应商名录，名录中既有每个模块设备、装修对应的厂家，也有厂家的联系人及其电话。这样胖东来既帮助厂家进行了推广宣传，无形中也让厂家有意愿将该店的设备、装修等做得更好，成为样板。一般企业不会轻易将使用的设备厂家公开给同行和竞争对手，胖东来这样做，也从侧面体现了它的开放、分享精神，以及引领整个行业的自信！

### 05 功夫在供应链之外

为什么一二线城市的社区电商能够快速占领传统零售巨头们的地盘呢？

归根结底还是方便。这些城市的人工作压力大、通勤时间长，年轻人连娱乐都要挤时间，哪有闲工夫逛超市买菜？因此，对时间越敏感的城市，生鲜电商、社区团购这样的购物方式越能够迅速铺开。

互联网新零售为大城市青年提供了繁忙之下只能点外卖之外的折中选择。通过在供应链、便利度上对超市进行降维打击，压缩成本，使人们购物的距离无限趋近于零。人们去超市购物的动力就更低了，坚守在超市的，多是些年老的身影。

许昌这样的三四线城市却不同，1～2小时车程能横穿主城区，大部分人的通勤时间基本在10～30分钟，加班也没有北上广那样严重。

偏慢的生活节奏，以及胖东来优质的服务和温馨舒适的环境，使人们形成了不同于一二线城市的消费动力：买菜是一种劳动，但逛街是一种享受。在胖东来，买菜可以变得像逛奢侈品店一样高级；商品的陈列整洁美观，给人的视觉带来美好的享受；水果有甜度表，告诉你香蕉什么颜色几天吃最好，蔬菜也整洁地打好了包，直采的绿色蔬菜以及原产地的种植录像在大屏滚动播放。

哪怕你能给我送到家，我也想逛逛胖东来，这是一种生活体验，不是对效率的追逐。所以在这里，生鲜电商、超市配送很难拼得过胖东来。

除非互联网巨头们能把供应链做到极致，持续地用价格碾压，否则在许昌很难站稳脚跟。显然，新零售是学不来胖东来的，为了同时服务线上，购物体验难免会打折扣。

为什么胖东来和其他商超不一样？

因为胖东来和其他商超经营的底层逻辑不一样！胖东来关注的是顾客，

关注的是人，关注的是持续通过好的服务和商品，构建与顾客的长久信任关系。

胖东来极致的顾客思维，成为一种经营基因，让企业持续围绕这一件事展开经营活动，不断累加，构建起了靠时间积累的竞争优势。

# 第四节　自营的诀窍

如果中国超市行业有巅峰的话，当属胖东来。

高工资、高福利、春节放假、周二闭店、很少加班、强制休假……这家只讲幸福不讲业绩的零售企业，却创造了全国最具坪效和人效的超市门店。每年到胖东来学习的全国零售同人如过江之鲫，甚至众多商业大佬也对胖东来推崇备至。马云称其为中国企业的一面旗子，雷军感叹胖东来是神一般的存在。

现今，面对高昂的人力成本，胖东来是怎么赚钱的？

对胖东来，看热闹的看到了"不可模仿"的文化和"变态"的服务，看门道的看到了可以借鉴的"高自采率"。

一直以来，国内大型连锁超市都是以后台利润模式为主导，即零售商通过向供货商收取名目繁多的通道费，如入场费、堆头费、促销费等赚钱。而自采模式则不然。由于议价和定价能力转移到了零售商手中，自采商品的毛利通常更高。自采为主导的前台利润模式赚的是卖货钱，胖东来就是其一。

## 01 扩大自有品牌，提升自营能力

随着零售业的不断发展，企业的自营能力和自有品牌已经成为提升企业竞争力的关键因素。自营是零售企业坚持经营服务的体现，也是提高资源配置、降低运营成本、规范价格秩序的坚实壁垒。

从长远看，零售企业要提升核心竞争力，就要打造自营能力，减少对合作经销商的依赖，拓展自主品牌的开发设计。同时，这也是企业差异化竞争力的体现。

10多年前，胖东来就开始搭建自有品牌。20世纪90年代，胖东来就开出了第一家胖东来面包房，只是那时他们还没有明确的自有品牌意识。大概10年前，胖东来推出自有家居品牌"六月旭"。

做自有品牌不难，做得好却不简单。胖东来有能力把部分自有品牌做成网红产品。2022年中秋节前，胖东来推出一款"网红大月饼"，个头有普通月饼2~3倍大，一开始要在小程序预约，限量购买，后来商场排队的人太多，改为小程序下单，外卖到家，一个账号只能买一个。在网红月饼之前，胖东来还推出过另一个爆品红丝绒蛋糕，动物奶油做的，备受顾客欢迎。胖东来的自有品牌，以性价比高为卖点，产品遍布烘焙、生鲜、洗护、家居、调料和酒饮等品类。

2020年底，胖东来和河南平顶山宝丰酒厂合作，推出一种纯粮食酿造的定制白酒。净含量500毫升，售价35元（初期为39元）。开售之前，胖东来公开该酒出厂价为28元，限量销售。开售初期不少人排队购买，该品牌白酒一度断销。

胖东来超市的高自采、自营策略，也贯彻到了整个胖东来商贸集团，在茶叶、珠宝、医药等领域，胖东来都发展了自营业务。在胖东来的卖场逛一圈，会发现有许多logo（指徽标或商标）为"DL"的自有品牌。

胖东来超市在规模体量方面，目前不算特别大，但对于提供给顾客的商品，要求是非常高的，无论是采购自合作商的市场品牌商品还是自己开发的自有品牌商品。通过需求导向的品质商品规划、合理的定价、杜绝暴利的标准等管理商品价格体系，实现对顾客的需求满足和品质承诺。

## 02 形成正循环

极致的服务，对员工的宠爱，是企业文化的外在体现，这是在取得一定规模后对打造企业口碑的锦上添花，或者说让企业发展的飞轮越转越快！然而，这背后的重要支撑离不开利润。

国内大型连锁商超的盈利常态是后台利润模式，零售商通过向供货商收取"通道费"来赚钱。而胖东来是自采模式，将议价和定价能力攥在手心里，通过前台利润模式盈利，赚的是卖货钱。据了解，胖东来超市内大部分货品都是自采，比例约占 80%，而自采商品的毛利率通常更高。

依靠巨大的销量和高周转率，胖东来在采购时能保持着很强的议价能力，很多商品的采购价格同比下降 30% ~ 50%。比如，公开数据显示，2020 年胖东来超市的平均毛利率约为 30%，而永辉的毛利率为 21.37%。

除了自采，胖东来还积极开发自有品牌。零售企业为什么青睐自有品牌？因为除了品牌价值的积累，自有品牌还拥有较高的品质、合适的价格灵活度、合理安全的毛利空间、没有供应链等中间成本……这些直观、现实的因素，直接影响着零售企业核心竞争力的形成。胖东来的自有品牌建设，在品质、销量、利润之间形成了正循环。

当下的胖东来已成为一个商业品牌，头顶光环，自带流量。胖东来的名声好、口碑好，顾客对其充满信任，甚至产生依赖。这是胖东来背后真正的财富密码。

## 03 助力差异化战略

自有品牌建设是零售企业推进差异化战略的关键。

国内，在推进自有品牌战略方面比较有参考价值的样板企业大概有如下几个：河南胖东来、山东家家悦、湖南步步高。这些企业自有品牌的拥有量和门店陈列量是国内企业中比较高，而且销售效益比较可观的。尤其是胖东来，不仅在超市业态有大量的自有品牌和自主经营区域，在服装百货方面更是有自己大面积的自主层面。

在差异化经营和自有品牌战略实施方面，还有一步就是建立自己的"中央工厂"，这方面家家悦、步步高早已实施。家家悦中央工厂规模宏大、标准规范先进，建设了中央大厨房和中央配送体系，配合高效的物流把经营触角延伸至生鲜配送、社会化配餐服务。胖东来2022年开始启动"中央工厂"的建设，把生鲜、熟食加工集中起来，集生产、加工、监督、监测、控制于一体，既确保了效益，更能保障食品安全。

目前，大部分新消费品牌和新零售门店，没有自己的工厂和供应链，品牌的核心变成了表面化的营销。这种现状很普遍，是由企业实力和企业战略所决定的，但长期来看，是不对的。自建工厂生产成品和半成品，既能把控产品品质和生产成本，又能降低门店的总投资和操作难度，使门店从原来的五脏俱全变成零售为主+简单加工，经营难度和管理难度可以迅速下降。

个性化、辨识化是差异化经营的核心。今天各种需求都是场景导向的，比如有非常多顾客并不是觉得某品牌的冻干咖啡特别好喝而购买，而是其咖啡包装拍照特别好看，适合放在办公桌上。这个创立于2015年的新品牌，就是靠这一鲜明特征征服了很多公司白领。

为什么很多人争相去胖东来购物？胖东来的商品、服务、卖场营造出一种独特、温馨、安心的场景和氛围效果。既有咖啡店的温馨，也有酒吧的冲动，更有高端精品百货的品质感，也不乏平民的烟火生活气息。

消费从来都是分层的，作为一家快消品零售门店，能够接纳不同的消费阶层，吸引不同的群体融入，这是胖东来经营文化的个性魅力所在，更是其基于供应链开发自有品牌的结果。

### 04 品质是第一要素

胖东来开发自有品牌的首要考量是要确保商品的安全性，推动商品品质和商品性能体验升级。

无论在许昌还是新乡，胖东来十分注重自有品牌的品质，对开发环节设定了十分复杂的调研、论证、实验、检验、审核程序，在销售中时刻关注顾客的反馈，对售后服务制定了无条件退货、高额赔偿的机制。在新乡大胖店一楼，胖东来自有品牌占50%之多，其中胖东来眼镜和胖东来茶叶超市是新增的两个独立业种。

对于自有品牌，于东来认为，我们要逐渐加大自己对商品生产环节的了解和把控，想尽一切办法确保商品的品质、安全。比如豆芽，我不主张生鲜区销售廉价的、生产过程不清楚的豆芽，即便顾客愿买，我也不主张卖。我建议卖场销售按照我们的标准生产的无毒、无添加剂的安全豆芽，这种安全的生产方法，由于产量低、生长慢，会导致价格升高一块钱左右，但那也要做，因为食品首先要确保安全、品质。

胖东来自有品牌投放市场后，销售并不逊于那些制造商品牌，这首先源于顾客对胖动来品牌的高度认同和信任，同时，也是这些自有商品的高品质所带来的。眼镜、茶叶这两种类型的商品，按照以往顾客的购物习惯，一般会选择专业店、专卖店，但是胖东来的眼镜超市、茶叶超市获得的顾客认可度远超市场上的专营店。

胖东来自有品牌"德丽可思"是顾客甚为喜爱的品牌之一，从操作间到售卖架，有关安全卫生的防范措施非常细致周全。在德丽可思糕点的售卖区，有善意的卫生拿取提醒，有高级的托盘、食品夹，每个托盘还配有洁净安全的一次性无菌衬纸，严防食品在任何环节被污染。

胖东来的自有品牌商品，除了具备供应商品牌商品所提供的全部服务外，还具有自己制定的一些额外服务。很多服务是专门为不同类型顾客量身打造的，这是一种服务功能的延伸。眼镜超市里各种高端的配套设备是很多专业眼镜店都不具备的，除了昂贵，还具备一些医学专业服务。胖东来眼镜超市的经营服务，是从顾客眼睛卫生和眼睛医学的角度出发的，它的销售过程是一种专业、卫生、全面、放心的服务过程。另外，郊县、乡村远道来的顾客，在胖东来眼镜超市配镜，还可以享受一些路费补贴。

### 05 整部类开发形成规模

自有品牌是胖东来经营的一大特色，也是其经营法宝之一，这既确保了商品品质，又确保了企业经营的灵活性、市场契合度、盈利空间，也为企业创造了商品运营的自由裁量空间。这种自由裁量空间是建立在保障顾客新鲜感、品质感、安全感、性价比等综合利益基础之上的。

胖东来发展自有品牌采取开发和引进相结合的方式，效率十分高，市场效果也十分明显。从最早的若干单品，已发展到今天的整部类开发。

除了食品超市有大量的胖东来成部类自由商品外，一些百货、超市外围区域成部类的自有规模更大。这反映出胖东来自有品牌开发与管理的成熟经验模式和强大的运营实力。在当地，顾客朗朗上口、如数家珍的胖东来成部类自有品牌就有胖动来电器、胖东来黄金珠宝、胖东来烟酒、胖东来医药、胖东来茶叶、胖东来眼镜、胖东来服饰、胖东来德丽可思食品等十几大类。这些有的是通过自主开发生产，有的是OEM（定点生产，俗称代工），有的是通过考察引进，有的是从自营专柜升级到自有品牌部类，全部自行投资、自主经营，自主研发和委托定制、定向贴牌相结合。

整部类的自有开发模式在全国尚不多见，胖东来不但完成了尝试，而且已经将其打造成企业和门店汇集目标顾客、培育忠诚群体、保障毛利空间、确保优良品质、营造放心安全的消费环境、提升核心竞争力、培育胖东来品牌价值、实现品牌价值积淀的良好战略手段。

在很多顾客的印象中，商场、超市自有品牌商品基本与"颜值"不搭边，还可能被顾客质疑质量不佳，导致顾客对自有商品产生低价格、低质量、高风险的恶劣印象。事实上，我国部分零售企业的自有产品，的确过度关注价格和毛利率，而把品质、形象丢在了一边，同时在自有商品的选择上，也是较为低级基础的日杂品，比如食用油、卫生纸品、洗涤剂等。这样的选品和产品标准，并不能获得顾客的认同感。

那种以"低质低价"为切入点的自有品牌开发思维，实际上，极大影响了顾客对企业和门店的形象感知，为企业带来了负面效果。当前，零售业自有品牌面临的问题是产品刻不容缓的品质升级。

对于国内的零售企业来说，自有品牌的开发与管理面临双重考验：一是跨国零售企业众多品质过硬、颜值较高的跨境自有品牌商品和同类外贸进口商品；二是网络平台更多物美价廉的同类制造商品牌商品。这就要求零售企业发展自有品牌商品应该尽快摆脱低价粗陋的形象，变低价竞争为"物美价廉"。

# 第五节 利润来自哪里

胖东来的成功刷新了人们对零售服务业的认知，越来越多的人开始研究胖东来的成功秘诀，同时也有人质疑：对顾客，是细致到"变态"的服务；对员工，是情真意切、感同身受的爱。单凭这样就能为胖东来赢得人气，换来财源滚滚吗？

其实，胖东来还真不是表面看到的那么简单。不管怎么说，它是一家综合型商超，是一家以营利为目的的企业，一切制度的背后肯定还是以提高利润率为中心。

对顾客服务细致周到的零售商场多得是，注重员工福利待遇的公司也不在少数。那么，胖东来背后隐藏着什么秘密呢？

## 01 混合多业态形式

零售巨头大多都有一个鲜明的业态，比如家乐福、沃尔玛和大润发都是单一的大超市，全家与7-11同属于便利店，而胖东来的业态则呈多元化——从超市到百货，从专卖店到便利店，从药店到购物中心，胖东来密集的商业大网几乎垄断了许昌地区的日常零售。

在许昌，胖东来不仅有时代广场和生活广场两家大型购物中心，还开设了电器城、大众服饰百货店以及连锁超市。如果说，时代广场定位是高端，生活广场定位是中端，那么大众服饰百货则定位低端市场，由此，胖东来的商品从珠宝到医药、从手机家电到蔬菜生鲜、从电影院到书店、从服饰鞋帽到餐饮小吃，老百姓的吃穿用度和娱乐需求，一应俱全、一概满足，覆盖了高、中、低全部的细分市场。

在占领了各个细分市场之后，胖东来接下来的做法是营造价值感以及场景营销。

零售企业需要持续地让自己的品牌占领顾客的心智，而且还需要保持自身在顾客心中的排名靠前。因此一般通过多个价值点的打造和传播，来增强顾客在购物过程中对品牌价值感的认知，持续传递价值给顾客，并获得顾客认可。

和一些企业不同的是，胖东来对产品更高价值感的追求驱使其研发自有品牌。差异化的自营商品，正是当前胖东来有别于一些传统零售企业的亮点，胖东来在烘焙、生鲜、饮料、家居、调料等品类上推出了自有品牌，通过自有品牌的高性价比，形成了比较大的差异化和竞争力，不仅拉高了自己的利润，还打响了品牌的名气，让顾客对胖东来更加依赖和放心。

场景化营销对拉动消费十分重要，因为商品吸引眼球的力度越高，顾客的购买欲望就越强。所谓"消费场景化"，顾名思义就是营造各种生活场景，并将顾客的消费需求融入其中。"消费场景化"能让顾客产生代入感，增强顾客黏性，延长顾客在超市的停留时间。

在胖东来蔬菜区，每种菜品旁都配有一块小黑板，上面除了有菜品价格，还有烹制方法。在水果区，陈列着满载橘子的玩具拖拉机，呈现出一派丰收的景象。在胖东来，装饰摆件到处都有，而且每个地方的摆放都是精心设计过的，十分符合情境。

场景化营销将与顾客息息相关的生活细节和价值理念植入营销策略中，给顾客创造出极为细腻和感性的购物体验，而这些是胖东来抢占顾客心智的有效手段。

除了自营品牌，胖东来的货架摆放也是满满的高级感。商品的价格预期取决于顾客的价值判断，而商品的价值是可以通过陈列来增加的！

胖东来通过营造高价值感提升品牌价值，再通过场景营销达成顾客购买，从而保证了其利润。

## 02 "+" 出来的利润

当其他零售企业把自己当作"单一业态"的时候，胖东来采用"超市+"的理念，让自己突出重围。

**超市+餐饮：**

在未来，"超市+餐饮"会成为新的发展方向。人们对于在"在超市里吃饭"这件事的接受度是非常高的。从最初只提供熟食，到专门在超市里开一家餐厅，超市与餐饮的跨界混搭之火越烧越旺。

"吃+逛"的关系让胖东来有了更多经营上的灵活性，比如胖东来餐厅的肉类原料不足时，可以从零售区的肉品库存中调拨；另一方面，如果零售区域的商品周转太慢，可以拿去餐厅后厨作为原料消耗掉。这样的灵活性可以快速解决库存短缺以及剩余食材的消化这两大问题。在胖东来，除了有海鲜加工，还有烘焙、熟食、炒菜等餐饮档口，都是由胖东来自己经营，每到用餐时间总是挤满了人。

不同于一些超市企业做好了菜品直接摆放在货架上自取的形式，胖东来更追求现场制作的氛围，索性把厨房搬到前台来。尽管这样做人工成本会高，但好处是现场做菜都是带有感情和温度的，且极具表演性，吸引了大量顾客。

**超市 + 社交：**

随着购物中心的核心客群向 90 后、00 后转变，享受个性化十足的娱乐体验和社交体验成为消费的重点。对于新时代人群来说，"社交"已成为主要的消费动机——跻身社交价值链，是抢占流量先机的必然选择。

一走进胖东来感觉它不像个超市，整个环境氛围透露出一种高级感。胖东来通过构建场景化的消费模式，强化餐饮、服务功能来吸引年轻人，有 ins 风（简约、极简）场景的搭建，有集潮玩、文创、手办于一体的潮流打卡角，还有美食社交、美酒品鉴等活动，顾客逛超市不再是单单为了购物，还是一种享受。同时，顾客将自拍发到朋友圈和微博，极大地扩展了"顾客自传播"效应。

**超市 + 电商：**

2018 年后，原本老老实实做线上的互联网电商巨头开始向地面的实体企业发起攻击。

一直以来，胖东来靠高质量的服务和自营产品形成竞争壁垒，顾客忠诚度极高，因此它相信顾客在享受完别家的打折活动后，还是会回到胖东来。但胖东来也没有掉以轻心，积极向电商巨头学习，拥抱数字化带来的改变。

2018 年 6 月，胖东来超市内上线扫码购。同年，胖东来超市入驻美团外卖，开启线上平台，并做到"送货上门、售后上门"。2019 年，胖东来许昌店开设支付宝自助收银刷脸支付区，顾客不用排队缴费，只需把商品扫码，刷脸支付几秒内就可以完成结算。同年，胖东来网上商城上线，为顾客提供更加超前的数字化消费体验。

"超市 +"的理念，引来了顾客，也带来了利润。

### 03 不为和有为

业界同行很关心胖东来做了什么，但更应该注意到它没做什么。与胖东来的作为相比，它的"不为"更具启发意义。

胖东来最大的"不为"，是它没有在当年跑马圈地、遍地机会的超市业黄金期选择规模扩张。以胖东来的经营能力，它完全可以多进入几个城市、多开几家门店，但胖东来在规模扩张和深耕细作之间选择了后者。

于东来甚至一度打算撤出新乡，并将许昌的门店关闭到只剩一家。2019年云鼎店开业之前，胖东来的门店数多年保持不变。于东来曾不止一次说："我其实只想做好一家门店。"因此，于东来在随笔中写要控制销售规模，也不足为奇。

值得注意的是，胖东来在企业经营中，有一种平衡发展的理念，不偏不倚，保持事物合理的发展态势。这种超然的佛系姿态，在互联网席卷下的行业竞争前显得弥足珍贵。

举例来说，胖东来并不追求极致的性价比，它的要求是合理定价。据了解，胖东来早年也会在门店开展促销活动。但后来于东来想明白了，就把促销活动取消了，他认为，促销是对商品的不尊重。

以员工的工作状态为例，大多数老板希望员工能够多产出、效率越高越好，但于东来并不希望员工太拼命，他希望员工的效率在60～80分之间，这样才是最合理的工作状态。

以顾客服务为例，尽管胖东来的服务是一流的，但它并不倡导没有底线的过度服务，特别是当一些顾客违反卖场秩序的时候。胖东来规定，当顾客在卖场出现不文明行为或者违反卖场规定的行为时，店员有权制止。如果店员因此遭遇顾客投诉，胖东来不但不会处罚店员，而且会奖励500元作为"正义奖金"。

　　胖东来在倡导一种回归事物本来面目的价值主张，这种主张的精髓是和谐的、科学的、可持续的，这在提倡狼性、进攻性、攻城略地的企业界并不多见。反思胖东来对于商业本质的理解，它追求的并非把生意做得更好，而是引导它所能影响的群体回归生活的本质。

　　胖东来杜绝暴利产品，严控商品的毛利率，价格标签上既写了销售价又写了进货价。为什么把进货价写出来？对此，胖东来的一位员工给出的解释是："东来哥觉得我们的服务还不太好，所以把价格标出来，让顾客感受服务，值不值得这个价钱，如果不值得他就不买。"

　　与大多数超市相反的是，胖东来超市门口没有商品检测器。讲起这件事的由来，有一个很值得玩味的故事：以前胖东来也装有商品检测器，还抓到过小偷。但于东来没把小偷送公安局，而是让员工跟着小偷去他家里，看看他家里缺什么，就给他送什么。于东来认为，人如果不是贫困到一定程度，怎么会来偷东西？就这样送了一个多月，小偷跑来说，我再也不到胖东来偷东西了。这种事情发生了好几起，后来胖东来就真的没有小偷了。

　　胖东来用"不为和有为"，构建起一种信任网络，形成了自己的品牌效应和网络效应，提高了顾客的转换成本，重新定义了当地零售企业经营的商业规则，并且形成了企业独有的护城河，也为它带来了源源不断的利润。

## 04 用效率拉升利润

　　当大家都在讨论 996 工作制度的利与弊、感慨年轻人因为加班猝死、讨论如何管理年轻人提高商业效率的时候，胖东来超市发布了"节日闭店"的通告。

对，你没看错！春节，可能是超市生意最好、人流量最大、竞争对手恨不得24小时营业的时候，胖东来选择了闭店。理由很简单，保证员工身体健康、过节。此外，在胖东来，加班是会被罚款的，不休假甚至会被开除。这，绝对是一个反商业的行为。然而，胖东来反商业的行为又何止这一个。

胖东来还有一项反商业的规定——每周二闭店，打破中国零售业白天永不歇业的神话。

于东来表示："我们深知零售行业里员工的辛劳，这么做就是要用实际行动关爱员工，切实把员工利益放在首位。"每周闭店一天肯定会对销售有影响，但作为一个负责任的企业，仅仅考虑创造物质财富是不够的，更多的要考虑员工的生活品质，因为员工不是机器，而是企业最大的财富。

神奇的是，这些看似反商业的制度，完全没有影响胖东来的商业效率。每天胖东来只要开店，总是人来人往、川流不息。

胖东来的商业效率全国第一。中国零售业数据显示，胖东来的人效、坪效均在中国零售企业排名第一。

胖东来这些反商业行为，提升了企业效率，也自然带来了利润。

## 05 专业价值

一些零售企业对员工商业知识的要求仅限于了解商品概念，识别商品货色，于东来对员工的要求却是成为岗位专家。

他曾说："如果 100 分为满分的话，我现在最多给我的员工 5 分。因为他们对自己工作的了解还没有达到让我觉得满意的程度。比如一个员工卖一瓶水，他知道这瓶子用的是哪一种品质的材料、多少钱一吨吗？包装纸多少钱？瓶盖多少钱？水的成分是什么？物流费多少？宣传费多少？附加的合理利润是多少？我想很少有人会知道这些，这就说明你没有全心投入。如果认认真真地做好自己的工作，成为岗位上的专家，顾客自然会喜欢来你这里买东西。"

作为胖东来掌舵者的于东来，是一位很有主见、对周边事物有敏锐洞察力的企业家。

他不排斥电商，但反对无序竞争；不提倡快速扩张，但认同价值创造。身处劳动密集型行业，于东来很早就明白企业的核心是员工，胖东来几乎是员工待遇最好的一家本土区域零售企业。

但做到这点不容易，在市场下行环境下，很多区域实体零售商若提升员工待遇，面临的压力很大。胖东来先人一步实现了这些，所以它建立了很高的竞争门槛，很少有企业能像胖东来那样在一个区域实现这么高的消费口碑度与忠诚度。比如，在许昌，大部分单位的福利卡团购业务，几乎都选胖东来。而其他很多区域零售商并没有实现这样的"统治力"，电商、外资及全国性零售商仍是中大型单位团购储值卡的首选。

这种消费黏性的构建基础就是员工、企业文化。通过对员工的尊重，胖东来建立了新的服务标准、稳定的员工团队，以及真诚、全情投入的企业文化。

　　服务是有附加值的，稳定的员工团队是品牌与经营的基石，企业文化是核心竞争力。而这些也是胖东来利润的源泉。

# 第六节　把企业目标变成员工的自发行为

1999 年开超市的时候，于东来的目标只有一个：古北家乐福。谈到这段经历，他笑称："其他的家乐福我都不让看，也不允许员工学。因为那时候上海的古北家乐福是亚洲最好的店，我也非常喜欢那个店，所以我们整天在那个店里偷拍，后来他们的人都认识我们了。"

因为有这样坚定的意志和明确的方向，胖东来才能发展至今。

问题是如何把企业目标转化为员工目标，并成为员工实现目标的自发行为？

## 01 三个步骤

胖东来是这样做的。

**首先，确定共同的目标。**

胖东来的企业目标是做成商品的博物馆、商业的卢浮宫。为了达成目标，需要培养一百名工匠，也就是品类和岗位的专家。员工因此就有了跟企业目标一致的个人目标和成长方向。

**其次，激发贡献的意愿。**

畅销书《全新思维》的作者丹尼尔·平克的驱动力理论认为，信息技术和知识经济的时代，员工的内部动机是要主导自己的人生，重视工作的使命感和意义感。胖东来如何满足员工的这种需求？怎么培养出专家？于东来提出了三个自主：自主经营、自主学习、自主管理。

什么叫自主经营？举个例子，总店定政策，分店自主经营。

除此之外，胖东来崇尚匠人精神，通过设置星级员工评定，来帮助员工设计成长通道。匠人精神，是让员工在一个专业的单点上持续去做，把它打深打透，不断学习，获得经验，把专业能力提升上来。

**最后，加强信息的交流。**

胖东来的交流是全方位、立体化的。2014 年之前，于东来通过微博，每天跟自己的员工互动。员工巡检发现问题，拍个照片 @ 于东来，他马上就回复如何处理。在微博上发，他等于把企业内部的信息全部开放给社会监督。

胖东来通过三个自主和专业能力，激活了整个团队。员工的专业能力提升了，获得了荣誉和信任，获得了更多的工作价值感，进而不断地提升敬业度。如此，组织也得以健康发展。

### 02 让员工有幸福感

无法使员工保持良好的工作状态，无法让员工和企业同频，这是不少企业面临的难题。怎么解决？胖东来认为，员工良好工作状态的基础是专业能力。

员工身上的知识和技术创新到底是从哪里来的呢？很多是从工作实践中来的，还有一个叫作非劳动时间的学习和创造。胖东来对此有一套完整的机制保障。宣教部专门负责员工的文化休闲娱乐活动。它权限极大，一线的运营部门，要停下一线的销售工作，配合宣教部的工作。哪个企业能做到这一点？

不管德鲁克提出的让凡人做非凡之事，还是已故的稻盛和夫说要付出不亚于任何人的努力，都没有脱离工作人的范畴。

而胖东来的"能干会玩""让员工有价值感、幸福感"，是把员工当作"完整意义上的人"，而不是单纯的"工作机器"，而是要让员工感受到工作的意义。

2019 年 4 月份，德勤公司发布了全球人力资源趋势报告，其中提到，员工感受不到工作意义已经成为全球管理者面临的头等大事。意义感的缺失已经成了员工离职的第一诱因。

为什么呢？因为社会发生了很大变化，职业繁荣让很多工作根本没有机会得到社会的及时反馈和评价，职业阶梯的消解也让人失去了短期可以努力的目标。有没有办法解决呢？

西澳大学组织行为学家莎朗·帕克尔提出了主动性动机理论。她说，工作的意义感，必须满足两个条件：一是外部环境要能给个体提供宽容的价值评价体系。比如，胖东来员工跟顾客有非常多的触点，可以及时得到反馈。再比如，胖东来是透明的企业，逮住一个员工，只要在不影响他工作的情况下，他就愿意把知道的东西告诉你。胖东来把员工的整个工作过程开放给社会、同行和媒体，凸显了员工的职业价值。二是个体要能从外部获得进步的榜样，最好是一个努力阶梯。胖东来前面做的职业生涯发展阶梯，设置星级员工的成长通道，就干了这件事儿。

于东来说，胖东来的属性其实是一所学校。

企业学校的内涵是什么呢？对内，它培养员工的能力和素质；对外，通过很好地做商品的博物馆，培养顾客的鉴别力和审美力，以及给同行做服务标准的示范。胖东来通过企业学校，内外形成了价值、信念的同频。

胖东来的文化理念手册里，这样描述自己的愿景：培养健全的人格，成就阳光个性的生命。员工入职的时候，胖东来除了给入职员工发一本岗位实操手册外，还会发一个《人生规划手册》，告诉员工怎么样去装修房子、买东西、买鲜花，来提升自己的生活品位。它管得真的很宽。随着新生代员工的到来，于东来提出了"能干会玩"这样一个理念，激发了员工的潜能和天赋，让员工有了更多的幸福感。

员工有了幸福感，不仅能对企业产生归属感，更能激发出无穷的创造力，把员工行为和企业目标统一起来，这才是企业能够基业长青的秘密。

### 03 企业目标 = 员工目标的总和

有一个良好的经营团队以及一些忠心的员工是企业成功不可缺少的条件。我们知道，任何人、任何企业的成功都不是靠一个人的力量就能达成的，都要借助于他人的帮助。管理就是要对组织内的稀缺资源进行优化配置来达到一定的目标，这里的目标包括员工个人的目标、部门的目标、组织的目标及社会的目标，而要达到这种目标就要协调好各方利益群体的关系。那么，怎样才能充分发挥人员的优点和作用呢？

我们常常会听到这样一句话：目标是老板的，员工是为老板干的。这句话是什么意思？其实，做老板的都有很强的目标感，今年做1个亿，明年希望做2个亿，但是这个目标只是老板的，老板跟高管、员工去谈目标的时候，他们总觉得做不到。

员工觉得老板目标定高了，市场没有那么乐观。老板觉得很奇怪，我想定个高目标，员工总是不愿意。为什么不愿意？因为你定了高目标，就会用来考核员工，员工和老板的利益是有矛盾的，老板希望目标高一点儿，员工希望目标低一点儿。很多传统做 KPI 的企业会发现，到了年底，老板跟员工在博弈目标，老板想定高目标，员工想方设法想把目标拉低。你看目标都不一致，就是大家背后的利益没有形成趋同。

"我在制定企业政策的时候，一般制定的政策是，制定这个目标让员工在这个方位，一努力就实现，不会制定这个目标，让员工跳起来也抓不到。抓不到，不务实，他就没有兴趣了。所以你制定的目标一定要让员工一努力就能实现，这样他会越来越有激情。"于东来认为，员工越来越信任老板，越来越相信自己，他就会有激情。不见得你给他发很高的工资他就有激情，他只要根据自己的现状，他有希望，他就有激情。

解决这个问题，胖东来的经验是，可以分两步走：一是让企业目标 = 员工目标的总和；二是构建一个合理的目标体系。

企业的目标是什么？企业唯一的目标就是创造价值，满足顾客需求，也就是顾客第一。道理很简单，但难就难在如何让员工也理解、贯彻这句话。企业的目标基本上是创始人与管理层制定的，摆在员工面前的则是一个个命令和 KPI，目标与组织之间实际上是断裂的，而企业的使命、愿景和价值观就是最好的黏合剂。

员工的目标是什么？大部分人认为顾客第一是指外部的顾客第一，但其实员工也是你的顾客。公司赚的每一分钱都和员工相关，我们应当希望员工的能力越来越大，这样才能拿到更多和更好的结果。但实际上，很少有企业真正像服务顾客一样服务自己的员工。

员工来到公司一定是为了先实现自己的目标——养家糊口、买车买房等，所以你很难直接将自己创业的原动力和价值观让员工一下子吸收。只有当你了解了员工的梦想和目标后，才能激发出他背后的原动力。因此，当企业目

146

标与员工目标冲突的时候，你就不要再用权力、命令去跟他碰撞，而是去调动他的能动性，说只有你们两个听得懂的话。

### 04 发自内心的喜欢

在于东来看来，自由是十分美好的东西，因此一直带着胖东来的团队向这个方向努力进步，他希望每一个人都能活出自由美丽的生命。为此，胖东来一直不断学习自由的先进理念，把中国优秀的传统理念与当下的美好理想融合在一起，鞭策着胖东来向更美好的方向进步。现在胖东来的目标非常清晰，就是要追求自由和爱，在企业内部体现出更多公平和真诚、尊重和信任。

对于东来来说，发展企业一直都是非常简单、非常轻松的。这都是因为真诚，如果遇到亏损，就关店，不亏钱，就继续经营，这并不是一件值得烦恼的事。他对金钱并不十分看重，认为更难得的是自由。然而，大多数中国企业家，始终处在勇往直前的状态。

相比快速发展，于东来有着更加美好的愿景："20多年以前，河南四方联采在组织的时候，我就有这种梦想：如果四方联采成立了，1～5年的时间，河南每个地市都能有1～3家像胖东来这样的企业，5～10年有5～10家，不仅对员工好、对顾客好、对社会好，也对自己好，让这个社会更多呈现出真诚和友善、希望和甜蜜、自信和勇敢、和谐和美好。"

转眼间20多年过去了，这个想法还没完全实现。对于东来而言，企业调整本身是一件非常简单的事情，"企业体制调整完，一般3年在当地可以成为翘楚。5年左右，因为挣钱了，又要开始发展，我看了，心里很不好受。"他叹息的是，这种发展并非出于热爱。

"企业是为了推动人类进步，为社会带来美好。企业家如果只是为了证明自己，让自己的资产迅速升值，为了钱、荣耀、面子，把自己搞得很累，是不值得的。如果对这份事业不是发自内心的喜欢和关怀，企业很难健康地成长，而这种关怀也不只是对员工，还有对设备、对商品、对管理系统，以及对万事万物的爱。"

更多人是怀着竞争的心态在做商业，"当你心里边有竞争这个概念的时候，其实已经输了，因为你失去了自己，把自己当成了一个工具。"

无论是大企业还是小企业，只有真正地热爱这个行业，企业才能健康地发展，成为一家真正的企业。

## 05 成就员工

胖东来中层以上的管理人员每年至少走出河南旅游，去体验工作以外更美好的生活。人生不只有挣钱，还有娱乐和享受。当我们真正地践行这样的理念，从日常生活开始，懂得尊重、热爱、信任时，从事的事业才会更有品质。

胖东来希望帮助员工成为更好的自己，拥有一个自由、健全的人格。胖东来认为：加班就是对人格的剥削之一，用自我牺牲"绑架"他人，这并不高尚；让别人从你身上看到更加快乐的生活方式，带动他人走向美好，才是真正的高尚。

为了践行理念，胖东来制定了配套的民主管理体制。对于管理层，每年有两次员工评议，不记名投票，满意度低于80%的，进入待培训状态，经过3个月的培训，重新投票，再不行就撤下来，并不是说谁想干就能干的。包括管理层的任命，很多部门都实现了竞聘制，这种竞聘制没有管理层的参与，员工自己竞聘，谁报名谁参与，决定权在于投票的参与者。目前这个制度的很多方面还不够成熟，但也大大激发了员工的信任感和参与意识。

在追求幸福生活方面，对于做得好的员工，实行"幸福奖"奖励制度，引导更多员工走向幸福、美好。

"我们想幸福，所以就奔着这个目标。有的人说胖东来星期二关门是为了给同行留饭吃。不是，我们是想快乐，我们关门就是为了让自己过得更幸福……让自己的生命变得更加美丽、更有意义。"

于东来的理想企业，是有着像开市客、山姆会员店、伊藤洋华堂这样的技术，加上胖东来的文化。"我在加入 IGA 中国的时候就有这种想法：一是学习世界零售企业优秀的技术和文化；二是将胖东来的文化理念通过 IGA 传播出去，为世界企业贡献力量。"

在于东来看来，企业家需要提升自己的格局，站在国际化角度看待发展。中国人是有智慧的，可以为人类进步贡献出更多美好能量。我们不但要做民族的企业，而且要做为人类服务的世界企业。胖东来也在朝着这个目标进发。

**Part 4** | 第四章
对标开市客

# 第一节　开市客的制胜秘籍

受大环境影响，许多商超关掉了大量门店，永辉超市3年关闭了近400家门店，沃尔玛近5年关闭了上百家门店，家乐福2021年关闭了超过20家门店，反观国外的开市客（Costco，美国最大的连锁会员制仓储量贩店）和国内的胖东来，两家具有代表性的超市却活得风生水起。

很多人说，开市客不靠商品赚钱，而是靠会员费赚钱。这种说法是不太恰当的。会员费更重要的功能是促进消费，给高级会员返点消费金额的2%，返点的钱可以用于消费也可以领取现金。仔细研究开市客的商业模式，会发现每个环节都极具性价比。

## 01 每个环节都极具性价比

提起开市客，熟悉的顾客都能想到其超级爆品——4.99美元的烤鸡，2021年卖出了1.06亿只。这种烤鸡闻名全球的原因是价格便宜，味道也不错，美食网站Mashed曾对美国市面主流的13种超市烤鸡进行测评，开市客烤鸡名列第一。所以它也是开市客的流量产品，是用来引流的。

开市客为什么能将烤鸡的价格压得这么低？因为开市客有自己的养鸡场，出厂价是成本价，且没有中间商赚差价。与烤鸡相同的还有很多产品，都是开市客的自营产品，自营产品的比重占到了所有产品的 25%，不仅可以自己控价，还可以影响其他 75% 的产品的价格。

开市客有完整的产业链和品牌经营的经验，跟其他品牌谈的时候，就有足够的底气：价格还能不能压压，如果不能我们就自己做了。一般情况下，品牌方都会愿意降价供货，就算此时不降价，过一段时间也会降价。因为开市客的销量很大，大到什么程度呢？

开市客是全美最大的红酒经销商，全美第二大汽车经销商，全美 50 个获得认证的加油站品牌之一等。不管什么产品，只要被开市客选上，都有机会成为爆品，这样的销售能力没有哪个品牌不喜欢。而成为爆品的关键是高质低价。

有人曾对开市客和亚马逊进行比价，对比了 100 款产品后，得出的结论是开市客的平均价格比亚马逊低了 20%，实体店比网店的价格还便宜。开市客自有产品的毛利率常年保持在 15%（实际则为 11% 左右），其他品牌的产品毛利率在 14%，而且开市客拿到的批发价更低。

开市客爆品频出的另一个原因是单品非常少，别的商超 SKU 达到 30000时，它只有 4000 个单品，每个单品都经过精挑细选，推出即被抢购，这使得每个单品的销量都非常高，可以拿到更低的价格，形成一个良性循环。总之，相较于竞争对手，开市客的价格更为便宜、产品也更为优质，这是开市客产品受欢迎的主要原因。

提到开市客，就不能不说其会员制。开市客是最先推出会员制的超市，一个超市开会员，这不就是智商税吗？刚开始顾客是非常不愿意开这个会员的，开市客因此差点儿倒闭。最后的解决办法是"性价比"——消费返点，给高级会员返点消费金额的 2%。

高级会员的年费是 120 美元，如果每个月消费 500 美元，一年下来返现就可以达到 120 美元，年费直接节省下来了，如果每个月消费超过 500 美元，还有额外的钱可以赚。还有就是，开市客的返点跟其他超市的积分不一样，其他超市的积分只能用于消费，而开市客的返点是可以取现的，如果你不想用来购物，可以找收银员拿现金。

很多人说，开市客不靠商品赚钱，靠会员费赚钱，其实会员费更重要的功能是促进消费，假如每个会员每年的消费金额是 6000 美元，开市客在会员费上是不赚钱的，但在商品的销售上，毛利可以赚到 780 美元左右。

看似简单的会员制，开市客也玩得非常高级，年费毕竟是一次性买卖，让顾客不断消费才是长久之计。仔细研究开市客的商业模式，你会发现其每个环节都极具性价比。

## 02 三个原则

开市客是如何赢得顾客的呢？三个原则：精选、低成本和大量低价。

开市客还创立了自有品牌柯克兰（Kirkland），是以保健品、生活用品、饮料、成衣、电池等为主营产品的健康品牌。因产品质量好以及信誉好，成为全美销量第一的健康品牌。这个品牌堪称践行"精选、低成本、大量低价"三原则的一个典范。

开市客的逻辑是，先向主流的大品牌商提出大量采购需求，当然要以最低价，进行长期合作。如果对方无法长期给出最低价，那就寻找替代品。开市客曾经把全球巨头可口可乐替换成了百事可乐。

柯克兰应运而生的根本原因是，供应商给不了低价。所以它的诞生并不是开市客为了赚更多的钱，而是始终站在顾客的角度，为顾客提供一个性价比更高的解决方案，自然也受到了顾客的欢迎。2021 年，柯克兰年销售超过 590 亿美元，是全球销售额最高的单一品牌。

我们可以看到开市客的所有措施都是围绕付费会员制这一单点核心进行的，会员制做得越好，顾客就会越忠诚，每年持续续约付费，双方的契约关系就越牢固，开市客就能为会员提供更多高性价比的产品和服务，会员制就做得越好。由此我们也可以理解为什么开市客仅仅利用 4000 个单品，比沃尔玛低 10% 的毛利、比沃尔玛低 10% 的成本，就能够实现商业的正循环。

随着开市客自身的发展，他们也为顾客提供了各种各样的服务，包括家庭、商业、生活、产品安装等方方面面，这些服务都有利于增加顾客。举个例子，开市客成立 40 多年，美国的通胀已经翻了几倍，但最受欢迎的热狗套餐一分钱都没涨，还是 1.99 美元。

开市客的 CFO（首席财务官）说过，只要你们想要，我们愿意每年在利润中拿出 3000 万~ 4000 万美元，让烤鸡不涨价。为了这种烤鸡，我们曾专门斥资 2.75 亿美元在内布拉斯加建了鸡肉处理厂。

可以看到开市客的理念是，不跟顾客争利，不靠赚差价营利。一直在为顾客最核心的需求努力，哪怕自己亏损，也要让顾客感受到自己的价值。因此开市客顾客的反馈很好，开市客的全球付费会员总数已经超过 1.07 亿，会员续费率在美国和加拿大达到 91%。它用"真价值"和"忠诚度"，不断地赢得顾客的信赖。

### 03 尊重顾客和员工，好事就会降临

开市客 CEO（首席执行官）辛纳格说，公司花在经营业务上的所有钱，70% 都花在了员工身上。开市客对员工的好，在美国无人能及。2008 年美国

金融危机爆发时，几乎所有企业都在想怎么裁员或者降低员工薪资，只有开市客不裁一人，还增加了员工的工资。

在美国零售行业里，开市客为员工支付的时薪也是最高的，同时还为很多普通员工，包括兼职员工提供各种各样的长期福利。这些行为都印证了开市客的那句名言——员工是我们最最重要的资产。因此，一般零售行业一年内员工的流失率在 50% ~ 80%，而开市客工作一年以上员工的保留率高达94%。

从业务员做起的辛纳格，非常理解基层员工的感受。所以他在坐上开市客 CEO 的位置后能保持对员工的关注，推行善待员工的政策。他认为，要"把事做对"，而不是做最赚钱的事。

在华尔街的投资人看来，开市客支付了"零售行业内最高的小时工资，提供了最好的福利"，这严重影响了开市客的利润率。但辛纳格的看法恰恰相反，他认为高工资可以吸引并长期留住优秀员工，实现高生产率和低离职率，员工的快乐和成长是企业成功的根本。

开市客的网页上写着他们的使命、愿景和价值观——不断以尽可能低的价格为我们的会员提供优质的商品和服务。为了实现这一使命，开市客有四条非常基本的道德准则：第一，遵守法律；第二，照顾我们的会员；第三，照顾我们的员工；第四，尊重我们的供应商。这四件事做好之后，我们就将实现我们的最终目标，即回报我们的股东。可以看到，他们是把股东放在后面的。

辛纳格说过，我认为在商业世界中造成困难的最大单一因素是短期视角。我们对它着迷，但它迫使你做出错误的决定。

开市客坚持着非常简单的道理：以最低的价格销售高质量的东西，如果你尊重顾客和员工，好事就会降临。

### 04 幸福永动机

辛纳格信奉"让人感到幸福"的人生哲学，本质上这就是开市客全部的商业秘密。

经济学范畴里"效用"最能代表幸福的内涵，效用是指顾客消费商品或服务对需求和欲望的满足程度，这种满足程度或者效用取决于顾客的心理评价，由需求的预期来决定，经济学家用它来解释顾客如何把有限的资源分配在能给他们带来最大满足的商品上，这个概念像极了开市客的商业理念。

顾客把有限的购买力或者说额定范围的购买力，花费在能给他们带来最大满足感的商品上，这个满足感可以理解成同样的价格获得最高的品质，或者同样的品质实现了最低的价格，再简单一点可以理解为单位价格获得了最大价值，也就是同样的消费效用最大，幸福感最大，那就是极致的性价比。这就是幸福哲学的秘密，不管是从经济学还是从现实消费的角度来理解都是如此。

开市客深知这个幸福的秘密，从源头开始为顾客创造最大的幸福，比如要想让顾客幸福，就要做到极致运营，就需要员工极致工作，那么就要先让员工极致幸福。给员工提供最好的福利待遇，平均工资几乎是沃尔玛的2倍，普通超市的3倍，为88%的员工提供健康保险，提升员工幸福感，对给予顾客和员工幸福的承诺是开市客最大的利器。

好商品好价格，超越顾客预期，创造更多的消费者效用，多买多得多幸福，就会带来更多的会员，更多的会员能够提升整个系统议价能力、运作效率和服务能力，进一步提供更好的产品、更低的价格、更好的服务，创造更多的消费者幸福效用，然后撬动更多的会员。如此循环往复不断迭代，形成了可持续的真正的演进系统，这就是所谓的幸福永动机。

## 05 胖东来、开市客，异曲同工

国内有家规模不大，但名气不小的超市——胖东来。这家开在河南的超市，以极致的服务享誉全国。胖东来的服务有多好？只要在能力范围内，都会满足顾客的需求，如果超出能力范围，也会想办法满足。

超市里面的购物车，胖东来就有 7 种，除了最基本的手提购物篮和手推车外，还有儿童购物车、手推婴儿车、老年购物车、双层购物车等，手推车还分大小号，可以满足不同顾客的需求。销售的商品旁，还会贴心地给出使用方法，比如柿子不能空腹吃，不能和蟹鱼虾同食；食用油油炸次数不能超过三次等。冷冻食品区，还放有棉手套。

在购物体验上，顾客开开心心来，也必定不会失望而归。有顾客说，自己和男朋友在胖东来超市打闹，不小心打碎了一瓶红酒，找售货员赔偿时，却被售货员拒绝，说没事，不用放在心上。还有顾客分享：他在购物时遇到一个小姑娘买榴莲，担心不好吃，售货员告诉她，可以先称一下重量，然后打开品尝，如果不好吃就算他们的。还有顾客说，如果你在胖东来商场玩娃娃机，只要伸一下手，就会有工作人员帮你摆好，方便你抓取。此事真假难辨，但有顾客说："胖东来的娃娃机是我夹过最好夹的娃娃机！"

在胖东来，如果没有买到想要购买的商品，留言后就会有人帮你买来。有顾客留言，想要买一支阿玛尼口红，没想到胖东来真给她买了回来。胖东来就像哆啦 A 梦的时光机，只要你想买，售货员总会想办法给你找到。

退换货也是胖东来的"特色服务"之一，只要商品不喜欢，就可以去退换货。网络上流传着一些看起来比较夸张的案例：有人买了一盘西瓜，吃得只剩最后一块了，觉得不好吃，拿去退货，胖东来也给退了；有人买了电影票，看完后觉得不好看，退回了 50% 的票价。

疫情期间，几十上百元一个的大白菜刷屏的时候，胖东来超市宣布，疫情期间所有蔬菜按进价销售，绝不加一分钱利润。在胖东来，物品称重也是实打实的，称海鲜的时候，会把袋子里的水全部倒干净，称大闸蟹，会把绑大闸蟹的绳子去掉，称完重后，再重新捆绳子。

在胖东来，免费服务拓展到了 100 多项，真正将细节和服务做到了极致。一句话，就是全部围绕顾客服务，这像极了开市客。

欧洲管理学者马利克给这种长期导向的顾客优先原则起了个名字，叫公司至上。以顾客为中心的公司至上理论，有两个突破：一是它比笼统的利益相关者理论更容易操作；二是奉行公司至上的公司和我们一般看到的公司有着非常不同的精神气质和商业逻辑。具体来说，这些公司有一些共同的特点：领导人有着超越利润的使命感和大格局，有着不为资本左右的强势风格；他们最重视的是公司长久的健康发展，因此愿意在创新、品牌、人才、机制建设方面进行投入。

开市客和胖东来，一个注重性价比，一个注重服务，毫无疑问它们都是这样的企业。

# 第二节　胖东来的选择

　　一位豫东县城超市人士曾带队前往许昌胖东来学习，他认为，从价格来说胖东来的商品并不十分便宜，但在细节上很照顾顾客，这是购物体验中的附加价值。

　　服务的本质是以人为本，无论是服务的人还是被服务的人，两方面都做到极致，就会有极致的顾客忠诚度。胖东来成功的原因很简单，无非是：你把别人当个人，别人才能把你当回事。

　　胖东来在员工福利上，看似支出过大，但工资最高的时候，成本却最低，通过服务好员工，可以倒逼员工服务好顾客。胖东来的创始人于东来也从不造高大上的商业名词，他说过一句很接地气的话，透露出冰冷商业下最朴实的道理：心里没有顾客，供奉什么财神都没用的。

## 01 试水新业态

　　江湖传说胖东来的顾客更多的是被它"爱与自由"企业文化所吸引，其实背后的商业模式才是支撑其成为区域零售业头牌的根本。

　　"将来我们的目标还是像开市客、山姆会员店一样，卖的东西越来越实在，提供更好、更有特色的商品。"几年前于东来就表明了向世界发达国家、先进零售模式学习的想法。如今看来，"批发集市"某种意义上即为胖东来布局区域会员店的先手棋。胖东来首届批发集市里，有三个品类：榴莲、荔枝和冰激凌。从毛利率来看，妃子笑荔枝为 3%，泰国金枕榴莲为 10%，两类商品均采用产地直采方式，以极低的价格进行销售，目的是给顾客谋福利。

这正是开市客、山姆会员店等的经营内核：精选 SKU+ 高性价比 + 线下场景体验。胖东来正借由批发集市参透会员店模式的本质与内核。批发集市实际上是一场在卖场内部开展的快闪活动。所有商品都采用产地直采的方式，以极低的价格进行销售，做到"一件商品也是批发价"。

位于胖东来时代广场的批发集市是规模最大的一场。它位于时代广场中庭的位置，占地面积约 400 平方米，以整箱集中陈列和大堆头营造出货满堆山的销售氛围。尽管利润微薄，批发集市还是保持了胖东来一贯的服务品质，可以用"批发的价格，五星级的服务"来形容。比如，卖场内有多个锁鲜加冰站，供顾客自助取用，还有免费保温袋为需求量大和路程较远的顾客提供，以保证商品品质和口感。再比如，榴莲堆头旁有专业的员工负责剥榴莲，并按照顾客的要求进行分装。若发现顾客挑选的榴莲成熟度不够，员工会主动告知顾客并道歉，为顾客重新挑选。

胖东来的批发集市有三个特点：一是专业。批发集市销售的商品，对产地、风味、食用方法等进行了详细说明，体现出对商品的专业理解。以荔枝为例，商品标签中详细介绍了该商品来自广州茂名主产区，其特色是果大、肉厚、色美、核小、口味酸甜，还细心提示，拥有 30% 红色的荔枝是最好的荔枝。再以榴莲为例，批发集市给顾客主动展示了预防性消毒证明和入境货物检疫证明，让顾客放心购买。二是方便。以时代广场店为例，批发集市位于门庭中央，有单独的结算通道，顾客可以不必进超市，买完商品直接就走，极大地方便了顾客。三是亲民。批发集市的商品加价率低，价格亲民，让顾客享受到高品质的应季水果。

很明显，批发集市的新业务是胖东来对趋势的把握，以应对经济低位运行之下，顾客对商品性价比的追求。

## 02 极致产品力才是长盛的关键

开市客的极致性价比、胖东来的极致服务，说到底，都是极致的产品力！什么是产品力？就是商品对顾客的吸引力。

产品力既体现在产品上，又体现在服务上，更是穿插在购物的全流程中。举个例子，雷军在为《小米生态链战地笔记》写的序言中，曾给小米公司的本质下了明确定义，就两个字——效率。

从用户的视角去解读小米模式，"就是高品质、高性价比。我们常说的品质、口碑、性价比，这些词最终凝聚成用户的信任"，雷军如是说。雷军还经常讲的一句话是：要做感动人心、价格厚道的好产品。这句话可以这样去理解：把"感动人心的产品"作为分子，对应"用户收获"，把"价格厚道"作为分母，对应"用户代价"，二者相除，即产品力。

小米的爆品方法论，就是让产品做到足够感动人心，即"用户收获（产品体验好、颜值高、品质佳）"无限增大；让产品价格做到足够厚道，即"用户代价（金钱和时间成本）"无限缩小，这样一来，产品就拥有了足够大的产品力。

电商、社区团购等线上购物的成熟，改变了线下购物的格局，线下店的产品力变得更为重要。普通的大卖场已经没有产品力了。会员店跟大卖场相比，品质更优、价格更优，服务也更好。比如家乐福将上海市中心的一家大卖场改成了会员店，为此专门收购了旁边一家菜市场，将其改造成停车位，以满足顾客购物停车的需求。

打造产品力不是一件简单的事情，关键决策看老板，执行靠的是员工。开市客和胖东来的产品力这么强，员工起到了非常重要的作用。而员工之所以能死心塌地执行老板的决策，鞠躬尽瘁为顾客服务，关键原因是企业真心实意对员工好，员工自然爱企业，跟企业一条心。2014 的数据显示，塔吉特（Target）百货收银员的时薪是 8.18 美元，沃尔玛是 12.67 美元，而开市客是 20.89 美元，开市客收银员的收入比沃尔玛收银员多了 65%。在当年的员工满意度调查中，开市客的员工满意度排名位居第二，仅次于谷歌，超过了Facebook（脸书）等一众互联网企业。

跟开市客相比，胖东来的员工似乎更加幸福，其产品力更为极致。

## 03 极致的管理力

胖东来将源于西方的管理做到了极致。例如，水果需要保鲜，胖东来水果售货员的《岗位实操手册》，详细到什么水果需要喷水，何时喷，喷多少；地面保洁员的岗位手册，会教保洁员擦拭地砖用什么洗洁精，如何和水配比，如何擦拭，按照手册的方法做，最容易积污垢的地砖缝儿都白白净净。

胖东来的标准化操作文件达 8 万多页，员工只要按照《岗位实操手册》去学去做，都会是行业最优秀的，不仅不会失业，还会成为业内高手。胖东来，既容易学，也不容易学。有人说过：最远的距离，是从脑到心的距离。是否想学，能否学成，和领路人的"心"密切相关。

于东来不仅是在创业，更是在探索一种社会创新。于东来经历过歹徒夜里一把火烧掉超市，不仅货物全无，还葬送了 8 条人命。此事对于东来是一次极大的打击。他苦思冥想：为何人心如此穷凶极恶？挣钱到底是为了什么？不改变社区的文化、风气，即便做一家超市，也难以独善其身。当大火烧掉所有时，邻居大娘拿出仅有的 2 万多元存款，鼓励于东来重建超市，无疑给了于东来莫大的信心，也让于东来深思，超市到底为谁而设立？

无独有偶。美国的全食超市也同样经历过一场无情的大火，面临破产，创始人约翰·麦基（John Mackey）在最无助、想放弃的时候，是社区邻居的无私、自愿的帮助，让他鼓起勇气重建超市，并且立志做成一个精神内核不一样的超市，之后还发起了一场西方的"觉醒商业"运动。

项飙在《把自己作为方法》一书中提到"乡绅"。他写道：当代"乡绅"存在的意义在于发掘和系统化地方的声音，将各个地方社会文化的自主性、经济和上层设计的统一性结合，从而形成一个灵动的有机体，促进中国的长治久安。

而于东来就是这样的"乡绅"。我们来看看于东来这位"乡绅"做了些什么：开超市，感觉可能会扰民，就把超市附近居民的水电费都承包了，作为补偿；河南发大水，大白菜涨到几十元一斤，胖东来的白菜按进货价销售；每当河南有灾，于东来就低调地捐款，出手就是 5000 万元，对于一个连锁超市的老板来说，这不是小数。河南之外，也常见于东来的大额捐赠。

于东来 "把自己当作方法"，在培养更多的中国"乡绅"，这让我们在黑天鹅乱飞的不确定时代，更加看到了中国的新希望。于东来不仅帮助本地的企业、周边的酒店，还开放胖东来的经验让业内商超同行学习，打破了"同行是冤家"的魔咒。他们都和胖东来一样，管理上水平、提高员工待遇、用心对待和培养员工，不仅不会因成本增加而亏损，反而因用心待人有了合理、可持续的利润。

## 04 零售企业要形成"战略特色"

零售业竞争壁垒相对较低，要可持续发展，必须要形成自己的"战略特色"，即为自己的目标顾客创造不易被别人替代的核心优势和价值。

有的人可能会问："零售业不是谁便宜谁狠吗？"不尽如此。顾客价值，除了物理价值，还有形象价值和精神价值；顾客成本，除了货币成本，还有时间、体力和精神成本。例如，上述做得不错的企业，都不是靠"便宜"赢得市场的，不同的顾客、不同的品类、不同的业态，价值追求维度不同。那零售企业的"战略特色"从何而来呢？

首先，要形成自己的"用户特色"，清晰界定自己的目标顾客，不同的细分市场就代表不同的特色，如开市客瞄准的是"中产家庭"。其次，即使面对类似的目标客群，企业也可以有自己的"战略特色"，即主要依托企业文化形成的核心价值——品牌IP和个人IP，一个好IP的带货能力可能胜于"性价比"，比如某百货卖化妆品的一个小姐姐成了网红，带货能力很强。再次，要找到自己的战略蓝海，将企业能力与时代趋势、产业红利、市场空间等战略蓝海结合，找准战略支点，打造战略价值。开市客火爆还有一个外在原因，就是中产家庭对健康品质生活的需求强烈。

此外，零售业要通过给顾客创造极致化、个性化的体验和服务来建立自己的特色，这已成为这个时代的主流趋势，开市客如此，国内的小米、名创优品、喜茶、海底捞、胖东来等企业亦是如此。原因在于，供大于求的背景下，不极致化就没有优势，就挑动不了顾客的购买欲望。如果一个企业能够将极致化和IP化有机融合，那它就有可能成为这个时代的"天之骄子"。

## 05 重新定义商业和企业

近年来，以全食超市、开市客等为代表的西方企业，兴起了一场"觉醒商业"运动。它们公开抛弃以"股东利益最大化"为目标的经营方式，将顾客、员工、投资者、合作伙伴、社区等视为"利益相关者"，让公司变成实践人性关怀的载体、为人类服务的载体。

开市客的商业模式很简单：追求极致的优质低价。而胖东来，远不仅是质优价廉，随便举些例子：胖东来无理由退货，包括生鲜食品。对商家而言，进货价格、供应商名录，是经营的"底牌"和核心商业机密。胖东来却在商超界发明了"打明牌"，他们在商场中设置专门的展示空间，公开披露全部的供应商名单和联系方式，在售价标签的旁边同时标上进货价。透明到这种地步，真是让大家大跌眼镜！他们待顾客真是掏心窝子地好，让顾客自己掂量，买得值不值。当然，真心换来真心，顾客提意见，胖东来奖励500元。不怕天天挑毛病的顾客吗？于东来认为，还是好人多，人家愿意花时间帮助超市提升，就该感谢。例子太多了，不胜枚举。网上流传说：许昌和新乡的百姓都给"惯"坏了，去到哪里都觉得超市不够好。

胖东来，是中国土壤里长出来的"觉醒商业"的鲜活样本。它在重新定义商业和企业，既有中国"家"文化的特色，体现正心、修身、齐家、治企、利天下的中华智慧，又与西方悄然兴起的"觉醒商业"运动不谋而合，殊途同归。

商业企业不应是"以利润为导向的组织"。如果有更多"胖东来"式的组织，一定会改变"商无不奸""商人无利不起早"的偏见。这个意义，是对全体国民的一次市场经济和商业教育。胖东来的意义，远远超出了它创造的利润、税收和就业岗位。它在对全体中国人进行一场前无古人的"商业文明教育"，可能会影响几代人。

## 第三节　应对下沉的电商

情怀＋服务，是胖东来应对电商的法宝，这和开市客赢得顾客的三原则：精选、低成本和大量低价，尽管方向不同，却殊途同归。

电商时代，实体店的生意普遍不好做，亏损、破产、倒闭者屡见不鲜。但胖东来是一个例外，它和京东同城竞技不落下风，在电商横行的当下活得风生水起、有滋有味。

许昌的一位顾客曾在知乎上这样表述自己的体验：这些年去过胖东来多次，去了就有三种感觉，一种是养眼，陈设很好，卫生很好，看着得劲；一种是养心，家门口有家商场，能让你学一辈子，这是城市带来的无形财富；还有一种就是安心，以前买东西，老怕商场欺负你，在这里买东西，只要你不满意，胖东来就会想法满足你！拿买电器来说，姐姐是做电器的，让她帮着买，价格肯定便宜，甚至她还贴钱给你买，可是呢，她毕竟不是厂家，不是生产商，售后她做不了。如果电器出现问题，那就麻烦了，在胖东来，如果遇到这事，你一个电话就搞定了。所以，无论电商凶猛不凶猛，胖东来一直会坚挺，并且活得很好，因为很多人跟我一样去胖东来，就不是只为了买东西，就是去看看转转、得劲得劲，然后买个安心的。

这样的企业，恐怕电商也无可奈何！

### 01 对付电商的两张牌：情怀＋服务

胖东来深耕本土的结果就是许昌人对胖东来有一种特殊的感情。每当许昌人民娱乐或者购物的时候，第一时间想起的就是胖东来。胖东来已经超出了消费和商业的范畴，而成为一个文化现象。有许昌人这样形容：如果你在大街上看到骑摩托车戴头盔、不闯红灯的人，十有八九是胖东来的员工。在许昌人心目中，胖东来这个品牌俨然成了许昌的一张名片，这张名片不仅是商业的还是文化的。这样的本土品牌形象使得胖东来在本地的地位无可撼动。

除了情怀之外，想要获得顾客长时间的跟随，服务才是硬指标。胖东来的服务最大的特点就是尊重顾客，三四线城市总体消费水平可能不如一线城市，但由于生活压力较小，消费性支出占可支配收入比例较一线城市更高，因此三四线的顾客群体很多时候并不是不具备消费能力，而是缺少对应的商品和服务。胖东来正是看准了这一点，因而对顾客需求给予充分的满足。在商品的品类上，胖东来旗下商超内的 SKU 可以和一线城市的大型超市相比。在三四线城市，胖东来为顾客提供了远超一线城市的服务水平，员工个个热情好客，有求必应。这种对顾客的尊重和关怀备至是胖东来留住顾客的真正原因，让顾客即使需要花较多的钱，仍然愿意来这里消费。

传统线下零售面临电商的冲击似乎毫无还手之力，事实真的如此吗？我们发现，电商平台试水线下零售，也会遭遇"水土不服"。不论是风头无两的盒马，还是火热一时的社区团购，在面对疫情的冲击时也变得和传统线下零售一样被动。

胖东来给零售行业带来的启示是：找到自身的独特资源禀赋，创造差异化的用户价值，构建属于自身的差异化竞争优势，将会是夺回顾客、增强抵抗能力的关键，如此电商也就没那么可怕了。

### 02 把顾客当成亲人

胖东来的每次操作总是能精准地戳中众人的心窝，既能为员工的权益着想，又能为顾客的需求和利益买单。胖东来服务的细节并不会增加多少成本，却能牢牢抓住顾客的心。"买得开心、买得放心"的情绪价值在胖东来的服务中得以升华，形成了商家和顾客之间的情感纽带。

在服务方面，胖东来的硬件和软件做得都非常好。无论哪个楼层，都那么人性化，那么体贴入微。卫生间甚至能达到五星级酒店的标准，各种设施应有尽有，还专门设置了一个放手机的小台子，上面醒目地写着"手机台"三个字。此外，卫生间还设置了一个紧急呼叫铃，万一发生什么紧急情况，可以按铃求助。

胖东来的成功实际上就是一句话：充满爱的服务。服务好，让人放心，这是它在电商时代实现逆袭的关键战略。当然，在专业度方面，胖东来也做得很好。果蔬区，有农药残留检测的公示，以及教顾客挑选蔬菜的方法。胖东来很好地诠释了最好的销售不是商品，而是与人交心，是真的把顾客当成亲人。

胖东来不只是在做企业，更是在做教育，一直在理解生活，理解人们对美好生活的追求，然后分享美好生活的价值，引导大家幸福地工作和生活。胖东来不是在售卖一个个商品给顾客，而是把真诚、温暖、幸福和快乐教给对方。

### 03 以其人之道还治其人之身

多年来，许多顾客曾建议胖东来开启线上平台，应用一些前沿数字科技，综合考虑商品资料更新、配送环节、技术支持、售后服务等诸多影响因素。

对于线上布局，胖东来一向谨慎，一直只在线下实体店拼力。一些业界专家认为，数字化、电商化虽然在胖东来不起眼，但在领悟、执行"新零售"的含义和精髓上，胖东来理解得最深刻、最透彻。

电商化的三大特点——快捷、方便、低价，胖东来可以说做得很好。胖东来在许昌的门店，基本把"前置仓"布局到多数市民的"最后三公里"直至"最后一公里"，市民逛店、买东西都很方便，举步就到，要是太懒太忙或有特殊情况，打一个电话，送货到家，又快又方便。价格上因为胖东来商品自采率高达 80%，能保证货品卖得更便宜。

2020 年，胖东来超市的平均毛利率约为 30%，这一毛利率在业内属于很高的水平。可以说，胖东来是近几年未受到电商的大冲击、在区域做得非常成功的企业。于东来并不惧怕互联网，他很淡然地说，如果电商比我们做得好，价格又好老百姓又满意，取代我们那是好事。我就关门去干点自己喜欢的事。于东来的淡然背后是一种自信，他相信互联网企业取代不了人类购物的底层逻辑。

早期的人类，男性狩猎、女性采摘以获得生存资源，这种基因习惯是刻在人们骨子里的。互联网购物虽然满足了人们对于便捷的需求，但满足不了人们实地逛的需求，这是刻在基因里的要素。

在一线城市，大多数人上下班通勤需要 1 ~ 2 个小时，挤地铁、做饭、哄孩子，做完这些就没别的时间了。但在三四线城市下午 6 点下班之后就没多少事了，空出的一段时间大部分人会选择和亲朋好友逛街，所以逛胖东来成了本地人的一种生活方式。曾经有一个在许昌上大学的学生说："大学四年我最喜欢的事就是放学和同学逛胖东来。"这种线下的情感连接和社交需求是互联网无法取代的，这也是于东来自信的源泉。

## 04 文化的力量

随着电商时代的到来，电商对实体店的冲击不容小觑。以往商场靠价格优惠、购买方便、货品齐全等要素来获取竞争优势，如今这些优势已逐渐被电商取代。此时，如果仅靠极致的服务来竞争，服务的质量能天天自我超越吗？顾客产生了审美疲劳怎么办？如果依靠服务体验来竞争，有没有可能是在为电商作嫁衣：线下体验，线上购买？

在新经济形势下，整个消费市场发生了翻天覆地的变化。《新中产白皮书》中，针对 10 万个 80 后、90 后做过一项调查，问他们为什么要去一个商业空间，得出的结论颠覆了传统商业的认知——仅有 19% 是去购物的，其余都是为了休闲、娱乐。因此，商业实体店想在竞争者胜出，就必须跳出商品竞争的范畴，给商品注入灵魂，同时也给人们提供休闲、娱乐的生活体验。

其实商品的内涵有两项：一是满足顾客的功能性需求，二是满足顾客精神层面的需求。商品只是一个桥梁，关键在于商品背后传递的价值。购买奔驰、宝马的，不仅仅是在买一个代步工具；花几万购买 LV（路易·威登，法国的奢侈品牌）包的，也不仅仅是在买一个装东西的袋子。顾客之所以肯花高出同类商品数倍乃至几十倍的价钱，购买的是功能之外的价值，是一种身份的标签和社会认同感。

以星巴克为例，一杯咖啡有那么值钱吗？它的创始人霍华德·舒尔茨告诉我们，星巴克不是在卖一杯咖啡，而是在卖一种流行的生活方式，传递悠闲、快捷、温馨的咖啡文化。

胖东来掌舵者的志向是：要把胖东来打造成一个商业教科书，不是把商品销售给顾客，而是把幸福传递给顾客；2025 年企业计划项目模式完成后，停止企业扩展，专注于传播分享文化理念和企业经营管理的技术和经验，帮助更多企业稳健地成长，使更多人更加健康、友善、幸福、快乐地生活！

胖东来还是在做一家超市吗？他已经把自己定位为文化的践行者和传播者、商业价值的布道者。由此看来，胖东来的差异化取胜之法，并不是表面上所看到的"服务差异化"。

胖东来是一个将强大的企业文化转化为品牌差异化的企业，优秀的服务只是企业文化差异化的一种表现，优秀的企业文化转化的品牌力才是企业发展的真正源动力。服务是可以学习的，但企业文化是学不来的，通过企业文化转化过来的品牌差异化，其优势地位的保持将使其得到较长的生命力。相信胖东来，将在这种差异化下收获更好的未来。

## 05 实体店的灵魂应该是什么

当下所有的实体零售人都在哀叹：生意是越来越难做了！

在分析生意难做的原因时，不约而同地把矛头指向了电商，认为都是电商惹的祸。另一方面，大家也认为实体店的优势在于能够提供"体验消费"，需要到场体验的"吃喝玩乐"是电商无法取代的。可他们又往往把"体验"绝对化，认为"体验"就是"吃吃饭、看看电影"，并在经营中围绕这个目标进行招商和调整，"百货购物中心化和购物中心百货化"的趋势愈加明显。

现实的经营成果让实体零售人颇为尴尬，即便引进了饭店、电影院，业绩并没有因此而有显著提升。更为糟糕的是，一旦这些饭店、电影院关门打烊，会使得商场进入更加冷清的恶性循环。

实体零售人要回归零售本质，做好商品经营，不能把"租赁业务"作为自己的核心主业。

可惜的是，在专柜或者租赁的经营模式下，大部分实体店已经把商品经营和现场服务放手给品牌商管理。这种放任，使得顾客的线下购物体验不进反退。许多顾客在实体店购物后抱怨：你们的生意已经这么差了，居然还不把顾客当回事！好在有电商这个"背锅侠"，实体零售人也就干脆随波逐流，听之任之！

然而，作为以服务制胜的典范，胖东来的成功证明：实体店是有生存机会的。只是需要以物有所值的商品为基础，提供更加有温度的服务。

胖东来自开业以来，一个"爱"字贯穿始终。从最初的"用真品换真心，不满意就退货"，到今天的"创造爱、分享爱、传播爱"。零售业是一个既实在又充满温度的行业，胖东来所呈现出的实在与细节，所呈现出的员工与顾客的状态与愉悦，是零售业的核心价值与灵魂。

# 第四节　摒弃规模化

于东来曾说过这样一句话："永远不要让责任和欲望大于自己的能力。"这话类似于开市客的理念，不跟用户争利，不靠赚差价盈利，找到值得信任的人，建立彼此信任的长期关系。

开市客坚持一个非常简单的原则：以最低的价格销售高质量的东西，如果你尊重顾客和员工，好事就会降临。开市客始终坚持自己的理念和节奏，不被规模和所谓新的商业模式所诱惑，这点和胖东来不谋而合。胖东来用了10年时间才决定走出许昌，这10年它找到了自身差异化的竞争优势并把优势做到了极致，这10年"缓慢"的积累才真正成就了胖东来下个10年的快速发展。

好的企业，永远不会跟风，而是依据自己独特的节奏，去创造独一无二的价值体系，并由此筑起强大的护城河。坚实的大厦非一日建成，也非一日能倒。

## 01 不盲目扩张规模

2021年8月，于东来对胖东来未来的发展提出了要求：许昌超市5年内不允许超过30亿的销售规模，10年内不允许超过40亿的销售规模！新乡超市 10 年内不允许超过 20 亿的销售规模！其他部门和门店 5 年内的销售水平不允许超出 20% 的销售水平！

与其他企业不一样，胖东来不再过度追求销售业绩增长、利润增长，而是追求员工、顾客的生活更美好，社会更和谐！作为中国零售行业的标杆企业，胖东来的一举一动受到行业的极大关注，于东来这次对未来的销售提出具体的数字要求，可以看成中国零售由追求数量增长向追求质量增长和内涵发展的风向标。

对于胖东来的工作重心，于东来用了四个"专注"来表述：专注于商品质量、商品功能、销售质量的提升；专注于企业环境、服务设施、设备、硬件质量的提高；专注于专业能力、管理能力、系统标准、员工能力的提升；专注于家庭、居家、精神、情感、休闲等大家的生活质量的标准的提升。

当下的商超零售行业千店一面，商店雷同、购物环境雷同，在这样的情况下一家店的商誉和吸引力很大程度上会影响顾客的选择，所以胖东来不管在哪里都有竞争力。或许是考虑到胖东来的企业文化会因为规模的扩张而摊薄，从而影响品质，所以胖东来没有盲目扩张规模。2019 年，于东来公开表示，胖东来量力而行，服务到许昌的几个区域足矣，不会盲目扩张，失去品质。

## 02 摒弃贪婪

借助中国零售市场高速发展的红利，稳扎稳打的胖东来完成了所有业态的布局后，从原来一个街头巷尾的烟酒公司转型成现代化商贸集团，标志性事件是 2002 年开设胖东来生活广场。之后，胖东来在新乡、许昌接连扩张，并连续击败国内外的零售业巨头，运营管理也开始走向精细化、标准化、系统化。

在胖东来顺风顺水快速发展的时候，于东来却做出了一个特别令人出乎意料的举动——大面积的关店，这些店都还在盈利中，并且是主力店。当时，很多人怀疑胖东来模式不行、资金链断裂等，一些内部员工甚至在微博上发动对于东来的人身攻击。

实际上，于东来特别郁闷的地方在于：为什么企业一定要做大、一定要上市？如果这个企业没有给顾客提供高质量的服务，员工没有在工作中找到快乐而是增加了负担，难道不应该关掉吗？

于东来对企业的认知是不一样的，他把企业比作是人，是人的活动，是人的活动关系组成的系统。基于这样的认知，他说："零售业其实正处于一个变革迭代的时期，很多企业盲目扩张其实是一种不负责任的、功利主义的心态在作怪，胖东来拒绝走这条路，盲目开店、大举扩张、管理资源和水平跟不上、服务能力不达标，既坑了员工又坑了顾客。"

此时的于东来对经营的认知已经发生了改变，原来是"用真品换真心"，还是有利益心在的，因为要"换"别人的心。而此时，他认知到"真诚利他"才是经营的本质。这种认知一方面来自他对过往行为的反思，以前他认为开店就是一种投机行为，什么赚钱就去做什么，急功近利。后来他深刻认识到，一家公司从单一业态发展到多种业态其实是需要很长时间的，胖东来扩张得有点儿快，所以服务不达标、顾客投诉多，这样的工作是在浪费员工的青春。

他认为，应摒弃贪婪，那些早期盲目发展所带来的苦果，需要改变。

### 03 聚焦、聚焦，再聚焦

在疫情暴发后，中国企业的经营质量与发展理念受到了巨大冲击，资产千亿的企业在数亿元债务面前束手无策甚至进入破产重组，没有自由现金储备，有的是巨量的资产囤积，在疫情与经济萧条期，这些资产不仅不能成为让企业安然度过危机的筹码，反而成为加速危机恶化的包袱，大企业爆雷不再是新闻而是常态。

从企业生命周期来看，没有什么企业可以超越生命周期，但优质的企业会始终保持足够的战略聚焦并通过持续的内部变革拉长企业的成长周期，避免企业过早进入成熟期。

对于中国零售行业而言，胖东来是个"异类"，这让胖东来成为中国零售业竞相学习观摩的"圣地"、成为中国零售业尽显浮躁的一面镜子。其实，胖东来并不完美，但其在中国零售业跌宕起伏的 20 年里，它能不受外在因素影响，始终保持聚焦行业、聚焦区域、聚焦线下门店、聚焦组织内生，聚焦、聚焦，再聚焦，难能可贵。

这些年，胖东来的价值导向不曾有过任何动摇与迷失，从于东来到一线保洁大姐都是"创造爱、分享爱、传播爱"的践行者。在这个过程中，大家可以看到于东来对生活的各种理解与表达，看到胖东来经营会上于东来发自肺腑地与经营团队的沟通，对他们产生的影响。于东来的发言没有任何套路与程式，始终围绕着怎样让团队更好地认识生命、认识幸福、认识工作展开，始终围绕着"用热爱创造更好的顾客价值"而展开。当然，胖东来的内部治理机制也在各个方面体现着对于幸福的追求，让员工感受幸福、认识幸福、理解幸福，最终去创造幸福，这些都是实实在在的经营，也是因为有了这样清晰、简单而纯粹的追求，胖东来始终保持着持续的聚焦与进化。

胖东来的经营日历中始终没有"着急"二字，不追求速度与规模，但永远追求精进与聚焦，这是胖东来给予中国零售业最大的启示。近 10 年来，中国零售业经历了线上线下的对抗与融合、经历了社区团购的破坏与搅局、经历了"新零售"的甚嚣尘上。但胖东来没有盲目迎合与跟风，而是始终围绕企业存在的价值与目的做好商品和服务能力的持续进化，这是零售企业的核心本质，离开企业的价值定位去谈商品与服务是不可持续的，离开商品与服务去谈企业的价值定位是虚空无力的。

## 04 重新认识规模化陷阱

如何客观认知市场的宽度与深度、厚度与强度，将决定零售企业的竞争能力与可持续性。

14 亿人口覆盖的 960 万平方公里是一个巨大的市场，充满了想象与希望。经过近 20 年的高速发展后，中国零售业的覆盖宽度已经完成，这里的宽度主要是指市场的宽度和业态的丰富度，这种宽度在非饱和竞争环境下具有一定的引领性优势，但在今天全场景立体化竞争时代，这种只有宽度的覆盖变得极其脆弱。

20 世纪 90 年代中期外资零售巨头进入中国后，力图占据市场的理想在经历了近 20 年的探索后终未如愿。国内零售崛起后，永辉用了十几年时间成为唯一一个门店覆盖全中国的零售企业，仅仅是覆盖，能否持续还需要时间来验证。而随着越来越多零售企业开启资本阀门，力图通过快速跨区域扩张，实现规模引领的也越来越多。而回望过去这 20 年中国零售业的全国化布局，无论是百货、商超抑或品牌专卖业态，用灰头土脸来形容一点都不为过。

企业若想做到永续经营，做到"知足不辱，知止不殆。持盈保泰，长生久视之道"，先要学会懂得拒绝野蛮生长。这一点，于东来做到了。打拼十几年，不仅不往外极力扩大规模，还在 2012 年关掉了 16 家店，只因为于东来认为其服务标准达不到自己的设定。

沉下心来甘做小公司、慢公司，这方面要向德国的中小企业学习。德国只有8000万人口，却有着2300多个世界知名品牌。全球目前共有2734家"隐形冠军"——年营业额不超过300亿元，产品在全球市场排名前三的企业，其中德国就有1307家，占总数的47%；美国有366家，位列第二；中国有68家，排名第八。在德国拥有837家超过200年的企业，中国呢？这一数据为零。

当前零售界不缺企业家，缺少的是于东来式的哲学家，缺的是于东来式的大商。大商之大不在规模而在老板的胸襟、格局与视野，心中是否有大爱。格局变大事业自然大。把发展的步伐放慢，先做强做好小公司、慢公司，企业未来才有可能真正做大。期待有更多于东来这样的大商出现。

## 05 做大还是做强

商超企业的战略核心究竟是做大还是做强，是规模发展还是区域深耕？很多企业都被这个问题深深困扰。

实体商超行业正处于转型期。在这场转型的竞赛中，一个"老生常谈"的话题再次被提及——中国未来零售市场格局是全国称霸还是区域为王？

如果把数字化转型认定是未来方向的话，目前业界基本认同行业的数字化转型将会带来市场集中度的提升，很多企业会跟不上，一些区域性超市会出局，活下来的区域超市则可能会越来越大。如果把以顾客为中心，跟上新生代顾客的消费习惯作为转型升级的方向的话，许多业内人士认为，区域性超市会有很大优势。因为消费习惯的改变意味着市场结构的改变，对于全国性企业来讲，体量太大很难掉头，转型成功的概率会比较低，相反，区域性企业更灵活，有很大机会。

和胖东来一起组建"四方联采"的河南大张集团的举措很值得行业借鉴。

河南大张经过 20 多年的发展才有了进军江苏的底气和决心，派驻 500 人的团队打造了江苏长申卖场，并取得了成功。在江苏，河南大张一度超越大润发成为当地单店之王，而这离不开专业基础的积累、供应链的持续建设和团队打造。20 多年的发展，让河南大张充分了解自己的发展阶段，在"大本营"做深做透、成为当地超市的不二选择后，才开启扩张步伐。胖东来也是在做透做强许昌之后才进军新乡。

从河南大张和胖东来的例子中，我们不难看出，民营企业老板无须羡慕任何零售企业，而应做好自己分内的事情，服务好当地的顾客，为政府做一些力所能及的事，提升员工幸福指数，真正承担起企业家的责任。只有这样，你的企业才不会被顾客抛弃、被社会遗忘。总之，要有清晰的战略思路和明确的发展目标，这既是企业创始人最大的使命，也是对企业所有员工最大的负责任。

实体零售业的未来必须摒弃过去贪大求面、追求市场宽度的粗放扩张模式，转而向深扎区域做深做透、做精做细的质量性增长转变。当下中国零售市场中，受冲击与影响大的是跨区域发展的零售企业，深耕区域的优质零售企业在这个过程中则更好地展示了自己的能力，让顾客产生了更强的依赖与信心。

胖东来的规模不是最大的，但它一定是最幸福、最快乐、充满自由和爱的，它的企业文化理念使企业的发展形成了不同寻常的风格，胖东来的员工也在各自的岗位上尽情地释放着自己的个性和完善着对爱的理解。

# 第五节　IP 式营销

与许多零售商斥巨资进行营销宣传不同，开市客摒弃了传统的广告营销形式。因为它清楚借助广告营销将会员吸引到商店里，并不能真正地提高利润，所以它从来不在媒体上做广告，也没有专门的媒体公关团队，而每年不投放广告节约的大约 2% 的成本，可以用于产品的大幅降价。但这并不意味着开市客拒绝营销，开市客把精力放在用户、商品和服务上，从而建立了"处处为顾客着想"的 IP，将营销做得春风化雨、润物无声。

胖东来营造的是用真诚和爱心烘托出的经营环境，顾客和员工在胖东来的购物中心和卖场是轻松自如、毫无羁绊、自由自在的，这是胖东来独具特色、富有个性的卖场文化，这种文化给顾客带来的是身心愉悦的消费体验。

服务、匠心配置的设施、令人心动的商品，形成了一个巨大的磁场，每天都在强力地吸引着许昌、新乡及周边地市县乡的城乡居民，使"逛逛胖东来"成为本地居民日常生活的必然安排之一。

这就是胖东来 IP 的力量，也是胖东来品牌黏度的体现。品牌不一定是 IP，但胖东来通过卖场动态价值的输出，将品牌和 IP 融合在了一起。

## 01 无处不在的商业 IP

对顾客来说，对零售服务企业品牌的认同基于感性和理性两部分。企业形象、个性、价值观形成了顾客的感性判断，企业及其商品的性能、标准、功能、品质、价值等形成了顾客的理性判断。人们对胖东来的喜爱和追崇，就是基于这样一种反馈，他们从感性和理性判断的层面同时肯定了胖东来品牌的价值。

在商业已经严重同质化的今天，购物中心、综合体遍地开花，如何从众多传统商业、购物中心中走出一条自己的个性化之路，不仅需要经营者从硬件建设入手，更要从软件方面切入，进行认真的、全方位的思考。依旧照搬旧的东西，依然依葫芦画瓢堆砌一些雷同的抽象概念和物理空间，最多只能打造出无效 IP。

对零售企业来说，体验也好，休闲也好，跨界混搭也好，打造任何商业 IP，都不能脱离零售服务这个"本真"，它将继续是零售企业乃至未来商业地产的核心宗旨，围绕这样的宗旨打造 IP，才是购物中心的关键支撑点。而且，只有以服务传导和品牌价值输出为手段的 IP 打造，才是零售经营的个性化之路。

IP 可能是一个人，比如马云；可能是一款产品，比如巴奴火锅的毛肚；可能是一项服务，比如海底捞提供的服务；可能是一个企业，比如江小白。而胖东来几十年一直孜孜不倦地坚持用人性之爱、至真服务创造着商界无与伦比的 IP！胖东来让顾客记住的，是它的坚持、坚守、追求，那种曲高和寡的追求，因为真诚，因为用心用爱去培育，最终获得了顾客的共鸣、社会的共鸣。

胖东来这个 IP，还不只局限于卖场服务。这个 IP 的打造是基于一种真诚、担当、大爱的品质，通过一条漫长、环环相扣、因果相关的链条完成的。企业对员工的真诚与关爱、公平与无私，推动了员工对顾客展开无微不至、发自内心的真诚服务，从而带动顾客、社会对胖东来的关注、关爱、推崇，或者反馈、回馈，最终自然和谐地形成特征鲜明的胖东来卖场场景。胖东来的商业 IP，超越卖场，无处不在。

## 02 打造 IP 的文化基因

IP 定位要在品牌定位的基础上，结合企业的文化体系，挖掘 IP 的特质，使其能够承载企业文化，同时又符合品牌个性的鲜明特质，既是企业群体聚合画像的代表，又能够具备清晰的可识别的独特品牌特质。胖东来的文化基因，可从其发展轨迹中溯源。

诚信——"用真品换真心"，是每家店必须遵守的价值观。20 世纪 90 年代初期，胖东来便已秉持着"用真品换真心"的理念，一律不售假货，1999 年提出"不满意就退货"，自此形成了完整的"用真品换真心、不满意就退货"的服务营销理念。秉承一切以顾客为中心、以顾客满意为出发点的原则，胖东来的"不满意就退货"是真正的"无理由退货、无条件退货"。

此外，胖东来从不隐藏自己的经营诀窍，其管理案例、经营理念，甚至各个岗位的实际操作标准都详细地挂在官网上，任人下载。为了确保真诚待客，鼓励顾客反馈真实的声音，胖东来会给投诉的顾客奖励 500 元。一系列细节皆彰显其真诚、用心和诚信。

尊重与爱。创始人于东来说："每一件商品都是有生命的、有思想的、有感情的、有价值的。所以我们必须要尊重它、要爱它，把对顾客的爱、对自己的爱融入商品中去，这样的商品才是有灵魂的商品，才能更好地服务于顾客，服务于社会。"

因此，胖东来的文化理念中十分强调尊重顾客、尊重员工。其官网上有这样一段话：不同于大多数企业，胖东来的尊重不会仅停留在口号上，而是体现在行动上。于东来主张工作和生活的平衡，认为只有真正达到平衡，员工才能安心在工作时间内把能动性发挥到极致，才能达到制度管人、人服从制度的最高境界，实现公平、快乐、自由、博爱的企业信仰。因此，胖东来的生活标准是心态、安全、健康、居家、浪漫、爱和休假，强调工作生活平衡的快乐之道。行动上，胖东来亦通过提升生活幸福感来表达对员工的充分尊重，除了显著高于同业的薪资待遇，为了员工能够更好地享受生活，采取每周二闭店歇业的政策。超市对员工这样的关爱，国内从无先例！

善良。"心存善念，无私助人"，贯穿了胖东来的整个发展史，也是其成功的关键。2003年非典时期，胖东来主动捐款800万元，那时的800万元对于东来来说，已经倾尽了全力；汶川大地震时，于东来不仅捐款，还带领139名员工直赴灾区现场；2020年大年初一，于东来宣布"捐资5000万元的现金或物资，用于此次抗击新冠肺炎疫情"。

除了创始人的善行，在胖东来，随处可见的提示牌告诉你食物怎么吃，吃后要注意什么，东西怎么用等。称重时，称重员会帮助查看蔬菜是否新鲜；如果土豆上有疤，会提醒你换一个；如果鸡蛋被碰碎，会主动帮你更换……这些无不彰显其善良助人的基因。

## 03 IP营销正在崛起

近年，随着社会环境的不断变化，品牌营销的方式也变得越来越多样。在内容营销这一块，IP营销应该是成长得最快的一种营销方式。IP指的是知识财产，包括音乐、文学和其他艺术作品等，IP 营销其实就是品牌通过打造受众喜欢的人设，进而通过输出优质内容，来传播品牌价值观，从而吸引受众。

品牌 IP 化建成之后，就可以大幅度提升品牌的营销驱动力，为企业的营销提供支持和动能。围绕营销的三大核心要素，IP 的赋能主要表现如下：IP 赋能传播，IP 化的品牌能更清晰地体现品牌理念、丰满品牌故事，让品牌更加鲜活，让品牌的定位更加清晰，品牌的价值主张更加具有张力。IP 化的形象可以自然地成为品牌的专属代言人，企业可以自主给 IP 形象注入能够表达企业精神的独特性格，可以将企业的故事赋予 IP 形象，使其成为企业故事的主角。

以前，市场上的广告内容多种多样，总有一种方式能够"狙击"到消费者，消费者也很乐意在这样多样有趣的氛围下进行消费。随着时间的推移，消费者接收到的内容逐渐同质化，因此想要引起他们的注意变得难了起来。这时 IP 营销应运而生，因为它相对来说有精准的用户画像以及较为稳定的内容生产模式，IP 营销逐渐成为品牌营销喜欢的一种方式。IP 营销是营销方式的一种进化，可能以后它也会失效，品牌要再探索新的形式，但是在当下，这种营销方式是有效的，因此品牌需要把握好它的黄金时期，用它创造出更多的效益。

胖东来的卖场文案，已经形成其独具特色的 IP 形象。胖东来的文案，从消费者还没进大门时就开始了。胖东来的企业文化、价值观到哲学语录遍布天使城的外广场、墙面、地板和围挡。胖东来的商品文案都是生活化的语言，没有劝说购买的说辞，把"透明"做到极致，给顾客安全感，让顾客产生足够信任。同时，与顾客实现交互，像一个助手告诉你生活技巧，简单质朴不亲不疏，距离刚刚好。

## 04 个人品牌的价值

胖东来文化不仅在河南，乃至在中国都无人能复制，因为那是胖东来的创办人于东来长久以来形成的个人品牌。下面，我们聊聊胖东来的老板于东来的故事吧。

据于东来回忆，他只上了7年学，不足15岁就踏入了社会，卖过冰棒、花生、甘蔗、瓜子、西瓜，倒卖过电影票，当过工人，对生意的感觉是一种与生俱来的天赋，他从来没有为钱发过愁。1993年，由于去陕西投资开矿失败，以及之前去外省包车贩烟被查处等，他陷入了困境，负债30多万元。那段时间，他过着到处躲债的日子。后来，于东来跟兄长借了1万元，从一家不到40平方米的烟酒店起步，开始艰难创业。这期间，他说服债主，并用实际行动证明了他的天赋。1995年底，靠一家小店于东来不仅还清了债务，还赚了50多万元。

汶川大地震的次日，一个河南区域性零售小商人，提着200万元现金，以及价值50万元的方便面、被子、药品、帐篷等救援物资，带领着大约140人，冲到灾区。他带领员工3天转战4个重点灾区城镇，在废墟中挖出16名幸存者，利用自己的车辆疏散5000多人。赈灾结束后，据政府的相关统计，于东来个人捐款总计820万元，位列中国零售业企业家个人捐款前三名。

在中国零售业经营业绩排行中，前十找不到胖东来的名字。超级捐款事件被媒体发掘后，突然有一天，这位河南小商人被媒体曝光，胖东来的企业经营模式也一步步被推向公众视野，且从此一发不可收拾。经过多年的发展，胖东来已经成为河南商界具有美誉度、知名的商业零售企业，拥有30家连锁店、7000 多名员工，旗下涵盖专业百货、电器、超市连锁企业。从胖东来的成功中，足可以看到于东来个人品牌的价值威力。

实体店拥有个人品牌会有以下优势：一、打造个人的超级 IP。超级 IP 能够自造势能，能够自带流量，能够快速变现。二、解决信任。一个品牌最重要的就是解决信任问题，既然用自己的名字作为品牌，那么自己的声誉就和品牌捆绑在一起了，他自然想做成百年品牌，传世品牌。三、拥有温度。一般的品牌只是一个冷冰冰的符号，如果采用个人的名字，立刻就能感知到这个人的温度，感觉像是一个活生生的人。

移动互联网时代，品牌人格化将是大势所趋。无论你是一个人还是一家实体店，乃至一家企业，都需要打造自己的个人品牌。

### 05 打造创始人超级 IP

人们天生对创始人的创业故事、经营智慧等很感兴趣，从广泛的传播度来看，顾客对这种"创始人营销"的手法非常买账。事实上，创始人就是品牌的最佳代言人，人们可以从创始人身上轻易感知品牌的风格。

为了拉近与顾客的距离，很多品牌都在努力让品牌人格化。人格化的方式包括打造卡通 IP、输出产品语言等。事实上，创始人是品牌人格化的一个"捷径"，创始人的"人设"可以让品牌的"人格"更立体、更饱满。

创始人就是品牌的"人设"。在顾客看来，创始人的"人设"在一定程度上决定了品牌的风格、产品的品质，以及发展的方向。顾客很容易将创始人的人格魅力延伸至品牌中。因此，当创始人面对公众展示社会担当、领导者责任和正能量时，展现出的亦是品牌的正面形象。以创始人的个人行动输出品牌的整体形象，会更具故事性甚至"传奇性"，可以驱动营销内容的传播。

比如，于东来身上展现出的大爱、温暖、亲民，就成为胖东来身上的美好标签。反之，一旦"人设"崩塌，影响的不仅是创始人的个人声誉，还有品牌口碑。

创业者看于东来，是一种仰视，我们也可以称这种仰视为一种"粉丝心理"。企业以创始人故事、行为等作为营销素材，将创始人打造成品牌的IP，发挥的是创始人的IP势能。创始人的IP势能是企业的一种无形资产，创始人可以通过自己的影响力推动企业的发展。

不过，发挥创始人IP势能有一个重要前提——IP与品牌的有机结合。打造创始人IP时，创始人身上的特质至少有一条要与品牌相通。比如，于东来的大爱格局，就是创始人与品牌的连接点。这些连接点大多来自创始人的兴趣爱好、价值主张、性格等方面的人格特征，映射于品牌或产品身上，与品牌或产品的某个特色相连相通。

# 第六节 打造品牌拉力

中国的大商超品牌并不少，众多商超品牌同在红海竞争，胖东来怎么能独树一帜、出尽风头呢？原因其实很简单，就是胖东来这个品牌的影响力。

现在都说酒香也怕巷子深，所以每逢品牌做营销，无论大品牌、小品牌，但凡有点儿预算，都要使出十分力气，把广告打得人尽皆知。电梯广告、大屏广告、地铁广告，甚至车载导航都会自动蹦出弹窗广告。这种铺天盖地的营销，有时候却是银样镴枪头，中看不中用。

胖东来的品牌传播方式，向品牌方和从业者们展示了另外一种可能。将品牌融入利他属性，做好自己所能做的事，急顾客之所急，想顾客之所想。

## 01 让顾客愿意自发地去传播

胖东来的品牌打造和开市客有异曲同工之处。为了砍掉一切费用，开市客甚至从来不做商业宣传。打开开市客的官网，可以感觉到它与其他零售企业的不同，没有花花绿绿的促销广告，也没有与 Facebook、Twitter（推特）等网络传播平台的链接，网站首页上红、蓝、黑三种颜色，简单得让人觉得有些"土气"。那么，开市客是怎样进行品牌传播和形象维护的呢？

开市客的品牌传播和市场活动融化在了社区责任与顾客关系活动中，通过一系列独特的辅助性产品和服务，既实现了商业营利的目的，又达到了品牌传播的目的。比如开市客有两项会员专属的服务：销售助听器和组织作者签售活动。

助听器，是一款很多人不在意的产品，相信世界上绝大多数的零售商都不会售卖这种商品。然而，它却被开市客选中，作为会员店的辅助性服务产品。它抓住的不是普通顾客的眼球，而是全球 8000 多万开市客会员的目光，这样精准的口碑传播，已经胜过上千万美元的广告投入。而作者签售活动，恐怕是全世界独一无二的零售店特色服务项目，每年在开市客会员店举办高达 60 次以上的签售活动。这种大胆的创新宣传方式，每年在开市客比比皆是，因此它从来不屑于做商业推广。

和开市客一样，胖东来也从不营销自己，一直默默无闻、低调做事。作为一家开在三四线城市的地域性商超，凭借着网友的口碑多次"出圈"。这里有三条经验值得同行借鉴：一是对顾客——提供极致的服务体验，造就品牌认同；二是对员工——实行人性化的管理，提升员工幸福感；三是对社会——具有高度的社会责任感，树立品牌形象。

口碑营销从来不是看投入多少金钱，关键是要做好品牌自身应该做的，以人为本，从产品和服务出发。一个品牌如果能建立起好口碑，就能使顾客对自己的品牌或产品有更加明确的认知，愿意自发地去传播，主动成为自己的品牌代言人。

在顾客眼里，胖东来不仅产品好，服务也好。关于胖东来的服务，有很多传说。众多的免费服务；如果大部分顾客反映苹果不好吃，胖东来的员工会主动打电话让你去退；收银员有权限给你抹零，这个抹零不是反向抹零，是真抹零；胖东来的影院规定，如果看完电影觉得不满意，在结束后的 20 分钟内可以退款 50%，因为一张电影票影院赚的部分大概就是 50%，胖东来是把自己赚的部分退给你。另外，如果一些商品胖东来没有，之后会通过少量进货、原价卖出的方式满足顾客。

胖东来就是靠着这样的服务，打出了口碑，挤走了竞争对手。其实，从单品来看，胖东来的很多产品并不比其他超市便宜，有些甚至更贵。但它的服务，加上完全不需要担心的售后，给顾客营造出了高性价比的感觉。在这里购物就是放心、安心，哪怕它的一些产品比其他地方贵，顾客也愿意买。

在同行眼中，胖东来是想学但又不敢学的榜样。在于东来的好哥们、生鲜传奇的创始人王卫看来，胖东来的优势有两点：第一是售后，第二是传播。

## 02 极致服务打造出品牌独特形象

胖东来创立之初，于东来就提出"用真品换真心，不满意就退货"。现在的胖东来，倡导理性消费，补退差价，建立完善的售前、售中、售后服务体系，还设有投诉奖励、缺货登记等机制。在许昌和新乡这种三四线城市，提供了堪比一线的服务，这不正是一种无声的品牌口碑营销吗？

在胖东来中，这种提供细致服务、收获顾客满意与好感，无形中提升胖东来品牌与口碑的细节还有很多，我们前面也都介绍过。细数起来，胖东来只是做了无数种细小的服务，耗费了一些资金和人力，去做一些投入少、使用率也并不高的服务，但日积月累、厚积薄发，这些看似不起眼的加分点，遇见恰当的时机，就会演变成宣传的噱头，为胖东来品牌形象的建立添砖加瓦。很多去过胖东来的顾客都赞叹，这个超市的服务很周到、很贴心。

那些细致入微的服务，实际上是由质量管理体系支撑的。质量管理的本质是追求顾客满意，从而实现持续购买。时代在发展和进步，顾客的要求也在提升。胖东来经营的重点不是货多么便宜，而是注重购物体验，让顾客来了之后还想来。

品牌塑造有三个层面：一是物质层面的赋能，给顾客实实在在的帮助；二是精神层面的赋情，给予顾客情感的力量；三是赋义，让服务或产品具有社会价值。赋义是高级境界，农夫山泉给矿泉水赋义，每一瓶水都会捐助一分钱给希望小学。快速成长中的海航也有相似的举措，在航班上做义卖，支持一些公益活动。胖东来在经营中"赋义"也做得很好，疫情期间，有的商家抬高售价，胖东来坚持平价销售，不给百姓生活增加压力。这是商业的格局，也是品牌的塑造。

## 03 用服务定义品牌个性

在打造差异化竞争优势时，除了顾客、产品功能等方面的区分，在消费体验越来越重要的当下，服务的差异化也成为品牌的战略重点。如何在服务方面区别于竞争对手，成为很多企业不断探索研究的关键。

胖东来的品牌建设没有秘诀，是踏实地在服务上下功夫，顾客想要什么就给什么。在胖东来，顾客就是上帝，楼层电梯出入口总有数名专职服务人员搀扶老人和孩子，不断轻声提醒乘客；给女生的卫生间编了号，可以拉铃叫超市工作人员帮着送卫生巾；给婴儿准备了换尿不湿的微型婴儿床……胖东来在提升服务的同时不断学习、苦练内功，扎实地前行。或许，这就是胖东来的策略，以守为攻。

在寻找差异化的品牌创新之路上，没有一劳永逸的方法。企业所能做的，或许就是不断优化自身的产品，使之更加匹配顾客日新月异的个性化需求，同时能够洞察竞争对手的不足，放大自身的竞争优势，由此抢占顾客心智。爆品之路，势必也将成为时代浪潮下，品牌的迭代创新之路。

随着社交网络的日益发达，当产品体验与极致服务发生碰撞给人留下深刻印象，进而激发出品牌魅力，并形成品牌个性鲜明的经营模式后，会让更多人愿意去进一步探索品牌的内涵。

别样的设计、高端的产品体验与细致入微的服务，胖东来集所有优势为一体打造成了零售业中的奢侈品牌，成功颠覆了大众对超市经营的认知，让更多人对胖东来产生了浓厚的兴趣。

胖东来之所以能够在抖音、微博等平台实现更广范围的传播，得益于品牌善于利用社交传播的经营逻辑，从认知、形象、体验、服务等各个方面去打造品牌传播的资产，让顾客在享受高端产品体验之余，也将胖东来别样的品牌形象植入到了心中。

## 04 尊重的力量

"你需要什么，我就给予什么。"轻描淡写的一句话，做起来却很难，因为"需要"不仅仅指商品，还有像尊重这种看不见也摸不着的东西，拿捏不好就会前功尽弃。胖东来的尊重就很极致，始终站在顾客的立场去考虑问题、解决问题，使得问题和矛盾成为积极推动胖东来品牌成长的源泉和动力。

人性这种东西说复杂很复杂，说简单也很简单，胖东来对待顾客"无底线式"的尊重，就是解读人性的最佳方式。当然，胖东来对于这种"刁难"概率是有算法基础的。

对于品牌这种无形资产的打造，胖东来可谓是竭尽全力，因为它深谙顾客心理对品牌的渴求与诉求。品牌自有的感召力和保障性，对每一位顾客而言都是需要的，特别是国人日益增长的品牌意识，决定了购物的选择。

胖东来的每一个品类档口，都是其品牌文化的无限输出，即便最有"水分"的海鲜档口，胖东来也要做到足斤足两。爱人者人恒爱之，敬人者人恒敬之。爱与被爱共同成长，让胖东来的品牌更具商业的张力和活力。

胖东来之所以经久不衰，且在互联网电商平台、社交电商和短视频直播带货等诸多压力下依然势头强劲，源于胖东来的初心，即正道。在商品泛滥的今天，胖东来依然如故，一如既往地推行零售初心：诚实守信，坚守正道。

其实，胖东来之所以根基牢固，更多是因为其对内部人文生态环境的打造。通过胖东来品牌建设之路，我们可以总结的是，零售业界的成功并没有什么奇迹，做法大于说法，若非要加上"奇迹"二字，那也是胖东来对于未来的理性判断和韧性坚持。

## 05 价值观和正信仰造就了胖东来品牌

从最早的烟酒店开始，于东来和他的伙伴们一直在追求一种真诚的待客之道，这种待客之道，远不止公平经营、童叟无欺，重要的是他们还把一种质朴的乡情、淳朴的助人之心融入门店经营，从与顾客的无缝沟通和感情纽带中累积企业发展的底蕴。

曾有人问于东来，在倡导博爱、幸福这些概念时，不觉得和商业逐利的规律有些冲突吗？

于东来的回答是这样的：我是从波折、困难、坎坷中走来的，深深了解大家生活的不易，应尽力让自己活得快乐一些、轻松一些、幸福一些，而个人和家庭的快乐幸福从哪里来？是建立在生活稳定、自由、处处充满人性之爱的企业环境基础上的。所以，只有建立充满互爱互信的环境，才会给予每个人真正的幸福快乐，而我们每个人只有释放自己的爱，才能建立充满爱心的环境，从而保障我们在这个充满人性之爱的企业里幸福、快乐地生活着、工作着。

胖东来是一个由很多人组成的团队，是一个企业"大家庭"，这个团队充满了爱，建设爱心环境是它义不容辞的责任。胖东来怎么建设爱心环境？从顾客、员工、商户身上做起，真诚服务、平等合作、利益共享、轻松快乐地工作，这是胖东来关联群体与胖东来关系的特征。企业内部的管理等级被兄弟姐妹这样的称谓与亲情关系冲淡。财富共享，公开分配，只留少部分利润作为企业发展基金，这基本是其他企业无法做到的。

在充满爱的"正能量"的胖东来，巨大的品牌价值不是通过广告手段获得的，而是基于对团队凝聚力、顾客关系、零供关系的精心耕耘，逐步积累，厚积薄发形成的。

**Part 5** | 第五章
胖东来，你要怎么学

优秀的商业不只是规模，而是传承幸福和品质

自由·爱 发自内心的喜欢高于一切

SUNSHINE PERSONALITY FREEDOM & LOVE TRUE LOVE IS BETTER THAN ANYTHING

让城市更美好 幸福是状态
MAKE THE CITY BETTER 而非心态

# 第一节　活成于东来

2012 年 3 月 20 日，围绕胖东来，国内零售业界爆发了一场激辩。

原来，胖东来宣布每周二闭店休息一天，春节期间除夕到初四也休息，意味着每年要闭店 57 天。这个作息制度，一举打破了中国零售业"白天永不歇业""节日即黄金时间"的规则。

社会上赞扬者、反对者、质疑者皆有，结论却很一致：尚不具备这样的条件去推行。

于东来的出发点，却无关商业。他认为："员工是人，他们应该有完整的生活。闭店就是传达——我们要走慢一点儿，让员工更多一点儿自由、快乐！"

## 01 向爱而生

做企业是为了什么？这是于东来经常问自己的问题。

早年，他也像许多企业家一样，注册了房地产公司，甚至给当时如日中天的地产商写信。但了解过房地产商的运作内幕后，于东来掉头走开了。

他的企业不"大"，做了 20 年还没有走出河南，总部位于许昌，卖场也只是分布于许昌、新乡等屈指可数的几个地方。他的企业又已经很大了，从马云到雷军，许多企业家都在不同场合向他的理念致敬。

他要做的事，就是做一家符合自己价值观的企业，能够"传道"的企业。

企业做大后，于东来"不按套路出牌"的操作更多了，尽管生意称得上区域内最火的，但他宣布每周二闭店："我们深知零售行业辛苦，每周闭店一天一定会影响业绩，但做企业仅考虑创造物质财富是不够的，还要考虑员工的生活品质。因为员工不是机器，而是企业最大的财富。"

胖东来做企业，是用理性方法抵御奴性，成就个性！于东来感慨人最重要的是"独立之人格，自由之精神"。

他时常冒出金句："我们讲真善美，最重要的就是真。如果人没有了真实，体现出更多的就是邪恶！"

"一个人不买东西，来逛店，但是在这里，能平和内心、受到善待、感受到真诚和温暖，他内心的结也会释怀，这是一种文化的传播与影响。"如今，在他的理念中，企业不只是销售场所，而是学校。

疫情期间，于东来宣布："凡参与本次抗击疫情，坚守岗位造成牺牲的员工，公司给予至少200万元补偿金；暂时不营业的部门员工工资正常发放。"

于东来曾注册个人账号，名"傻坏蛋于东来"，足见他的顽童本色；而在参加的培训课上，媒体曝光的照片显示，PPT上是非常文青的四个字：向爱而生。

## 02 文化是做出来的

1995年，胖东来的雏形"望月楼胖子店"开业。这家不到40平方米的糖酒茶小店，被视为胖东来商业的开始，而对当年29岁的于东来而言，它存在的意义只在于"想挣点儿钱让自己过得好一点儿"。

　　不知不觉间与他人产生竞争，又不知不觉地把企业做大后，于东来回顾了经营企业的这 20 余年，他坦言，浪费了许多宝贵的时光，也换来了很多自己不想要的结果。在人生这条路上，因为挣钱，他走了很多弯路。作为过来人，他不想看更多人为之痛苦，因此他站在山顶发出疾呼，向更多攀登的人示警，把他的经验分享给更多的人和企业，帮助他们找到生命更好的方向和方法。

　　胖东来的文化发展到今天，有几个不同阶段。

　　1995 年，经营望月楼胖子店初期，于东来最大的愿望是，希望能在五六年内把他的欠账还完，能自由，能守着家，就足够了。当时这家门店的理念是"用真品换真心"，这种文化理念让他的生意获得了意想不到的成功，不仅在 1 年内还清了外债，还越做越好。

　　然而，1998 年 3.15 特大纵火案，使店铺受损严重，在员工的支持和陪伴下，于东来度过了艰难时期，也正是这次经历让于东来意识到了员工的重要性，"那时候我就觉得这个店再也不是我自己的店了"。钱好还，情不好还，所以对员工要好，也要对社会好。就这样，"想着让胖东来的每个门店，在许昌的每个街道都有，让老百姓买东西方便，买东西放心"就成了于东来的下一步设想。

越对员工好，员工将心比心，企业也就越做越大，接触到的企业也越来越多。在接触国内外的一些优秀企业文化后，胖东来的理念也慢慢从奉献自己、造福大家转移到幸福自己、造福大家。更多地了解历史，慢慢明白了什么是生命后，于东来就希望把胖东来往更加文明的方向引导。

1995 年的时候是"用真品换真心"，发自内心地希望顾客好；2002 年提出"创造财富、播撒文明、分享快乐"，这是对精神财富的追求；再到 2006 年，对"个性、自由、快乐、博爱"的追求，也就是"平等、自由、博爱"。

于东来自认为不是一个擅长做企业的人，"但是因为美好的文化和体制，胖东来内部充满了真诚、公平和信任，在这样的企业基因下，每个人充满希望，愿意在其中实现自己的想法。"

从 20 世纪 90 年代发展至今，胖东来不断地将更好的理念沉淀下来，写成文化。于东来也一再强调，不管哪个阶段的文化理念都是做的，而不是贴在墙上看的，这就是于东来的性格。

### 03 做最好、最稳、最快乐的企业

无论哪个企业，谁不想做大做强，做成百年老店，健康长久地发展，培养更多的优秀人才，让更多的人逐步富起来？但这不是简单的问题，一个老板有一个老板的性格，一个企业有一个企业的文化。由于各自的经历不同、感悟不同，也形成了文化的差异。

在于东来的理解里，企业文化也就代表企业的性格，把企业中每一个人优秀的一面、善良的一面和过去的经验教训汇集起来，经过整理、提炼，形成特色，就像信仰一样，可以引领着大家向好的方面发展。比如，有实实在在做人的良好品质，有宽广的胸怀，有良好的心态，有积极向上、不断学习、开拓进取的精神，有永不言败、坚韧不拔的坚强意志，有科学专业的经营管理技术，有不骄不躁的心理气质、健康快乐的心情。

于东来认为，一个企业的发展，形成了自己的特色，形成了自己的文化，在企业内部形成了凝聚力，在顾客心中有一定的亲和力，就能得到更多人的理解、支持和关心，形成良性循环。

一个人在某些方面能做到最优秀，但不可能在各个方面都是最优秀的。一个企业也是如此。要把专业做精做细，做出特色，根基扎稳，根据自身的情况逐步健康发展，不能盲目扩张，盲目跨越行业发展。因为盲目扩张，不顾自己的实际情况去搞多元化，这方面的教训太多，太深刻了！作为企业和个人，要有序地发展和提高，不能为了发展什么都不顾，结果企业发展壮大了，本想等到成功的时候再去体验成功带来的价值和快乐，结果身体健康却没了。健康是最宝贵的财富，是用多少钱也买不来的。

在于东来的规划里，胖东来可以不是最大的，但一定要尽全力做成最好的、最稳的、最快乐的企业。"在做事创业的过程中，我们为自己设定一个个目标，并通过大家的努力去实现它。在为目标奋斗的过程中，我们也不能忽视一路上的好景色，尽情地去体会过程、享受过程、品味过程。就像爬山，有的人排着整齐的队伍，沿着大道前进，有的人沿着崎岖的山路，唱着歌、边玩边爬，一样也能登上山顶。人生本来就是一个过程，值得我们好好去珍惜。"

## 04 行业布道者

于东来始终强调的一点，就是一定要学会爱自己，学会做一个幸福的企业。爱自己，就是让自己轻松、自由、开心，而不是纠结；学会做幸福企业，也是有标准的，最起码要知道怎么建团队，熟悉这个行业的专业，把专业、品质做好，再呈现给顾客、呈现给社会。

"多年来一直是这样，胖东来能做到的，为什么你们不能做到呢？是因为你们现在还不懂胖东来，你们只是用自己的思维在思考胖东来，没有用科学、理性的思维。"

对企业来说，管理者改变思想是最重要的。老板不改变，下面的人再改变也没用。如果我们不是老板，我们是基层的，那么我们就韬光养晦，慢慢去沉淀自己的能量，等到将来当老板时做一个智慧的领导，这样才能对得起我们的生命，才是更理性和科学的方法。

"其实我身上还有非常多的陋习，孩子气、调皮捣蛋、小心眼，如果我都能做到现在这样幸福自由的状态，你们有什么理由认为自己做不到呢？"于东来曾这样反问。

无论是管理者还是基层，于东来都希望大家能够守底线、有尊严、自由地活着，好好地爱自己，健健康康地去创造美好、享受美好。活好自己，是对得起自己的生命，也是对父母最好的孝敬。为山中迷路的人指引方向，带领更多人走向美好、自由和爱，这不仅是胖东来的企业文化，也是引路人于东来专属的人格魅力。

于东来将自己比喻为医生，给各个企业看病，找到病因，下个处方，再根据每个企业的状况进行调整。其中的方法其实很简单：学会放下，要想做企业，先把团队造好，根据自己的能力，把团队造好以后，团队里的人愿意干了，老板就省心了。谈到专业能力，于东来十分谦虚，他认为胖东来与伊藤洋华堂相比，与世界领先的零售业相比，在专业方面至少有 10 ~ 20 年的差距。胖东来也在持续不断地学习。

"胖东来这个企业好就好在它的文化，其次就是由文化引导的体制和分配政策。再过几年，胖东来的很多东西都会变得透明，会给大家分享更多，启发着大家做企业。像我们这样不像做企业的人，因为这种好的理念，也能把胖东来做成一个大家比较认可的企业。中国那么多的企业家，兢兢业业，如果有了这种好的理念，有这样的热情去做企业，都会发展得越来越好。"

## 05 活成于东来

胖东来的老板于东来是草根出身，他经历过许多困境，也吃过不少的苦头，但于东来创造了截然不同的人生，把自己的草根经历和困难转化成了人生财富，融入自己的经营中。所以说无论是什么样的环境和家庭，也可以有不一样的人生。关键是你具备怎样的心性和觉悟，于东来具备的其实是一种大爱和文化自信。

为什么有的活成了"于东来"？这是一个值得企业家深思的问题。

## 第二节　胖东来，你为什么学不会

"天下皆知美之为美，斯恶已；皆知善之为善，斯不善已。"

这句话出自老子的《道德经》，翻译成白话就是：天下人都知道美之所以为美，就显露出丑陋了。都知道善之所以为善，就显露出恶了。

这句话不仅有做人的道理，还蕴含着很多经营哲理。天下皆知的美与善，该如何定义？或者更进一步，企业里的美和善，该由谁来定义？

答案是由企业里的一把手或者创始人来定义。但这定义不能只靠其"言"，而是靠其"行"，"行"才是其真正的"喜好"所在。"群众的眼睛是雪亮的"，一把手真正喜欢什么，员工是心明如镜的。胖东来的一把手于东来正是这样诠释老子这句话的，他靠"行"获得了员工的认可和追随，并把"行"演化为企业制度，将其转化为集体所推崇的"美与善"。

企业行为究其实质是一把手的"美与善"，理解了这一点，我们就能理解为什么许多企业投入大量人力、物力去学胖东来，最后却大呼"学不会"，因为这些企业的一把手其实并非真正认可胖东来的价值观，只是因为看到了"效果与效益"，所以才力推之，实质是"为利而做"。这样学只会适得其反，越学越倒退，越学员工越务虚。

所以并非员工学不会，而是一把手"动机"有问题，不是真心学，结果就是上行下效，最后竹篮打水一场空。

一把手的"行"非常关键，所以企业一把手对以下两点不可不察。

首先，要警惕"美与善"的定义或许本身就有问题。比如"楚王好细腰，宫人多饿死"，这本身就是有问题的。

其次，企业文化实质是一把手文化。如果不是发自内心地推崇某一行为准则，即便下再大力气推行，也终会落得个适得其反，因为"假的真不了"，唯有真正"知行合一"，才能终有所成。

老子在《道德经》中说："故有无相生，难易相成，长短相形，高下相倾，音声相和，前后相随。"翻译成白话大概是：所以有和无互相转化，难和易互相形成，长和短互相显现，高和下互相充实，音与声互相谐和，前和后互相接随。

这句话告诉我们，凡事都是一体两面、相生相克的。比如"有"与"无"、"真"与"假"，换言之，没有"真"，何来的"假"？没有"高"，何来的"低"？当你定义了一面的时候，实质就催生了其对立面，这对立面其实正是由你推崇的所衍生的。比如，你学胖东来，把"服务"作为最高行为准则，而"服务"意味着"投入"，没有或者投入不到位，"服务"就会流于形式，甚至变成顾客厌烦的"假服务"，因此盲目地、过于极端地追求服务，效果往往适得其反。

这是很多企业在学胖东来过程中遇到的"悖论"。再举个例子，胖东来高工资的另一面，是企业文化和制度流程的健全。不少企业这些基本的东西还没做好，就执行所谓"高工资"，且执行过程中也没能健全制度、流程，没能建设好企业文化，结果可想而知。

这实际上是一个重要规律——只要是极端的，一定是有问题的。

对此，老子得出这样的结论："是以圣人处无为之事，行不言之教，万物作焉而不辞，生而不有，为而不恃，功成而弗居。"意思是：因此圣人用无为的观点对待世事，用不言的方式施行教化，听任万物自然兴起而不为其创始，有所施为，但不加自己的倾向，功成业就而不自居。

所以，真正智慧的一把手必然知道知行合一的重要性，必然知道影响员工的方式不是"讲"，而是身体力行地"做"；真正有智慧的一把手，绝非为了某种目的或效益而做，而是当做则做。正因为他们不为私欲而做，就没有什么辛不辛苦、获得不获得、有功没有功、功劳是谁的等这些羁绊。这正应了那句老话——"有心栽花花不开，无心插柳柳成荫"。"花不开"因为"有心"，"柳成荫"因为"无心"，没有希望又何来失望？"有心"之"心"不正是欲望吗？

此外，一把手还需要明确《道德经》体系的一个重要概念——无为。没有读透《道德经》的人，往往会对"无为"二字望文生义，认为老子是"消极出世"的，其实这是完全错误的。老子《道德经》里所言的"无为"是没有欲望的为，是顺从大道的为，是当为则为，而不是为做而做，被欲望驱使而为。只有悟出这点，才能读懂《道德经》，继而对后面的"为无为、无为而无不为"一通百通，做事做企业也就通透起来了。

学胖东来应该怎么学呢？

理解了以上所说，答案自然就有了：那就是要顺势而为，不能为学而学，更不能为了欲望而学。

# 第三节　胖东来的两个为什么

道是什么？怎样才能做到有道?

其实真正的"道"是看不到、摸不着、无法用语言表述的，所以"道可道，非常道"。

这告诉我们一个道理——"道"是通过做好自己去影响周边，而非说教与要求，更不是强迫。即便你指引的方向是对的，但如果不是发自内心地尊崇、自身做不到，那再强行推进也极难有收效，甚至可能适得其反。而真正悟"道"的管理者，不会用强迫的方式去推行，而会以身作则、潜移默化地去影响，这才是"可持续之道"。胖东来的管理真谛就在于此。

胖东来的"道"，在两个为什么里得到最佳体现，值得管理者去悟。

## 01 胖东来为什么设置业绩上限

"上善若水，水善利万物而不争。处众人之所恶，故几于道"。这是《道德经》中的经典句子，意思是：至高的善行好像水一样，水善于滋润万物而不与万物相争。停留在众人都不喜欢的地方，所以最接近于"道"。

"上善若水"这四个字可谓家喻户晓，不少人以此为座右铭。但恐怕很多人都不知道此四字的来源与内涵，但经典妙处就在于，读起这四个字就会让人心向往之，就会发人深省，有一种醇厚感。

何谓"上善"？

"善"字在汉字体系中地位非凡，究其词性而言，兼具"动词（善于）、形容词（善良）、名词（善人）、副词（善变）"等多重词性，故在诠释该句之初，首先须明确"上善之善是何善"。"上善之善"既可以是形容词，又可以是动词，换言之，既可以是"体"，又可以指"用"，实则"体用一源"，即上善则善利万物，善利万物则为上善。

那么，"善"在《道德经》体系中是如何定位的呢？

个人认为，在《道德经》体系中，善应是介于"道与德之间"，近"道"而非全"道"，"善"是"道"的基础，有"善"才会有"道"，从善如流才有可持续之"道"。

理清了上述两点，则可以更好地理解——"上善好比水一般，因为水利万物但无所取，常处于绝大多数人不喜欢的地方（低洼处、污秽处），故近乎于道"。

基于此，我们可以分析出"道"的三大特征：善利万物、不争、安之若素。这三点又有一个共同的"因"——无私欲。

商业案例中也有不少"上善若水"的例子。比如，曾经是商业领域的热点话题——胖东来设置业绩上限，即许昌超市5年内不允许超过30亿元的销售规模、10年内不允许超出40亿元的销售规模；新乡超市10年内不允许超过20亿元的销售规模；其他部门和门店5年内不允许超出自身目前销售规模的20%。如果仅从商业与现代企业视角来看，这完全有悖常理，但如果结合"上善若水"引出的道的核心，或可窥见一斑——不断地去除"私欲"，回归本真。真正回归并实现最纯粹的"爱"。

而这也正是胖东来这家企业从"业绩驱动"（欲望）向"本真驱动"（爱）全面转型的一个重要标志。

怎样才能做到"上善若水"呢？老子的答案是："居善地，心善渊，与善仁，言善信，正善治，事善能，动善时。"意思是：居处善于选择地方，心胸善于保持沉静而深不可测，待人善于真诚、友爱和无私，说话善于恪守信用，为政善于精简处理，能把国家治理好，处事善于发挥所长，行动善于把握时机。

尽管此段对善有很多描述，但实质均为表象，我们只需明确一点——"居善地，心善渊，与善仁，言善信，正善治，事善能，动善时"皆是"用"，"体"则是"无私欲"。如果仅表面做到"无私欲"，只是"表演"，而且是"因被欲望支配"而为，虽得其形但最终会南辕北辙。

这也是那么多学胖东来的企业，只得其"形"而不得其"神"的原因所在。

这也解释了，为什么"胖东来总是做出一些有违商业规律，甚至背道而驰的决策与行为，依然持续稳健且愈发成功"。原因就在于，于东来真的是在不断地去除私欲，个人的私欲去除得差不多了，再着手去除企业整体的私欲，以实现"天下无能与之争"。

这样做的结果当然是，"夫唯不争，故无尤"，即达到这样的境界：最善的人所作所为正因为有不争的美德，所以没有过失，也就没有怨怼。这怨怼不仅指对外，还指对内，没有任何怨怼，则一切自然随心所欲不逾矩。

"道"的体与用皆是"去除私欲"，也就是"无我利他"；稻盛和夫先生的"心法"本源就在此，胖东来设置业绩上限的原因也在于此。

### 02 放那么多假，为什么还一直保持领先

胖东来放假这么多，为什么还能一直保持领先呢？

这个问题，我们也可以在《道德经》里找到答案。

"天长地久。天地所以能长且久者，以其不自生，故能长生"。意思就是：天和地存在的时间那样长。天地之所以能长久存在，是因为它们不为了自己的生存而自然地运行着，所以能够长久生存。

以人类视角看时间抑或寿命，最长久的莫过于天与地了，故有"寿与天齐"之喻。但天地为何能"长生不老"？因为它们从未想过长生不老这件事，也丝毫未有长生不老的欲望，它们当做则做、当为则为，不以主观意志为转移，一切顺道而为，心明如镜，境过则过，纤毫不留，无牵无挂，是以能天长地久。简而言之，没有任何私欲，无私欲即"不自生"（不为个人利益与欲望而谋、而为），不自生故能长生。

这又给了我们两个重要的关注点：

一是，真正有效且持久的企业要去除私欲。就如胖东来设置业绩上限那样，无尽地追求业绩，往往会没有业绩。因为私欲会让"道"偏转，偏转了的"道"很难持续，甚至会把企业带偏，乃至毁灭。企业一把手一个最重要的责任就是让企业远离私欲的泥潭，让企业在可持续的"道"上前进。仔细琢磨下于东来的许多做法和制度，我们就会发现，它们都是让企业远离私欲，走在可持续发展的"道"上，必须采取的。这些才是我们学胖东来的关键所在。

二是，管理的最高境界就是去除私欲。没有私欲的人，无欲则刚，广受爱戴；没有私欲的君主，与民无犯，国泰民安、流芳百世。管理亦然，我们这里讲的管理更多指"管理自己"，因为管理的真谛即"管理自己"，自己身体力行则自然上行下效，而这管理即"去除私欲"。

所以老子认为"是以圣人后其身而身先，外其身而身存"。意思就是：因此，有道的圣人遇事谦退无争，反而能在众人之中领先；将自己置之度外，反而能保全自身生存。

圣人之所以能成为圣人，因其不断地克除私欲。当私欲完全克除时，则达到"无我之境"，无我则利他。因此，天下人之心即圣人之心、天下人之事即圣人之事，当遇到天下之难事、危事之时，圣人不会在乎自己的"身"，必身先士卒、当为则为，因此广受人民的爱戴，人民争相拥护他、追随他，反而能"身存"（安然无恙）。当功成之时，不居功、不夸耀、不争抢，把功劳分给大家，反而大家争相捍卫其功劳、口口相传其功绩，获益最多且名垂青史，此则为圣人之"长生不老之道"。

企业的经营管理也是如此，当管理者无私欲，遇到难题身先士卒，有劳不居且分给员工时，这样的管理者员工能不爱吗？员工能不死心塌地追随？心在一起了，还用管理吗？这样的企业即便放再多假，也不怕落后，不怕队伍散了。这就是胖东来那么多假还一直领先的根源所在。

胖东来为什么会保持领先？原因就在老子的这句话里："非以其无私邪？故能成其私。"——正是因为于东来的无私，所以成就了他自身和他的胖东来。

仔细琢磨胖东来的这两个为什么，我们发现正是因为于东来的"无私欲"，才使胖东来达成目标、成就自身，收获了持久之功。

# 第四节　胖东来，该怎么学

胖东来好学吗？好学，因为你只要放下欲望，心中有爱，就会成为下一个胖东来；胖东来好学吗？不好学，因为你一旦舍不得，就永远学不会胖东来。

这是我从全国各地挑选出的 5 家学习胖东来比较成功的企业，对这些企业的一把手或高管的现身说法进行的总结，值得大家深思和借鉴。

## 01 安徽六安某超市董事长：学胖东来分三个阶段

总结我们的学习历程，学胖东来可分为三个阶段：术、法、道。

第一阶段是术。以前我们学的多是术的层面，到胖东来的卖场看很兴奋，觉得环境很好、设备很漂亮、装修设计很美，商品、卫生、员工、服务也都很好，各种细节做得很到位，卫生手册都是厚厚的一本。于是把这些东西拍成照片，搬到自己的企业里。学了以后效果怎么样呢？企业多多少少有一些变化，但是帮助不是很大，这是第一阶段。

第二阶段是法。就是要变、要调整，这个变一定是一把手的变化，涨工资、增加员工的休息时间，把这个方法用上，企业一定会有更大的收获。

第三阶段是道。这个道就是企业的经营之道。

以前我认为懂道，东来哥到我企业考察后和我说，你做了20多年，怎么不会带团队啊？一开始听到这话，我心里很是不服，我说我做得还可以，但经过东来哥点拨后，我才真正明白怎样带团队。

什么叫带团队？学东来哥的这段时间，我总结了五个字"钱多、尊重、爱"，做好这些，就有了领导力，有了领导力团队就好带了。

以前，我读了很多领导力方面的书，也参加了不少这类培训课，认为自己很有领导力。跟东来哥深度交流后，才明白带团队就是带心，要用心用爱。如果高管跟你都不是一条心，还怎么带团队，上千号的员工能跟你一条心吗？只有用心了，才是有领导力。

学道，就是学胖东来爱的文化。我们以前一直想不明白，爱能赚钱吗？能把企业经营得更好吗？其实是可以的，爱可以让你做得更好。

为什么每时每刻都能感到胖东来的员工是那么的可亲，因为东来哥和员工的关系很亲。我们以前用制度去管理，员工见到我们总是很客气，没有亲密感，也很难有凝聚力。

要学道，就要让爱的文化在企业里面生根。现在我们公司确立了一个目标叫作幸福企业，就是让我们的企业更幸福，员工更幸福，并把幸福传递给顾客。

以前就想企业做大赚钱，证明自己有能力、很了不起。现在朝着幸福的方向走，企业做大做小并不重要。我做这件事，我很快乐、幸福满满、对社会有意义，这比什么都重要。

我们人生最大的财富是什么？是幸福，而不是证明自己很成功。人生终极的目标就是让自己幸福，让团队幸福，给社会带来幸福。

## 02 江西上饶某超市董事长：要"傻傻地信"，要切切实实地转变

怎么学胖东来？我总结了两个"信"：一是坚信，坚信我们走的这条路是对的；二是相信，相信胖东来能做到的，我们也能做到。

按照东来哥说的知行合一去行动，舍得多花时间去学，真正用到企业里去，就会不断进步，这就是成功。

学好胖东来有一个关键点，那就是，要放下心态，让欲望低于我们的能力，尤其是我们这些深耕县城和三四线城市的企业。

东来哥刚到我们企业的时候，我们正好新签了7家门店，我当时想的是如何跑马圈地、抢占市场，没有考虑到自己的专业、人员、团队等是否已经成熟，而这些对于开店、对于企业的发展更为重要。

在开店问题上，当时我一直想的是如何获得有形投资。什么是有形投资？就是投资1000万元，几年可以回本，每年的销售额多少？这些就是有形投资。通过学习胖东来，我们按照东来哥传授的思想，开始更加注重无形投资，比如1000万元不开店，分给员工，通过成就团队来获得更长远的目标，这些就是无形投资。

东来哥也给我们树立了一个目标：成就优秀团队，实现幸福企业。先成就团队再实现企业目标，这也是我说的无形投资的体现。不过目前我们还没做到，但是我的目标就是实现这个目标。

要想学好胖东来，就必须有理念和思路上的转变。尤其是一把手的理念需要转变，上行下效，员工的理念才会转变。把心态放下来，转变过往追求面子、荣誉的理念，努力做到让你的城市因为有你的企业而感到骄傲和幸福。就好比许昌，因为有胖东来而幸福。

幸福无关企业大小、财富多少，而是你和你的企业为这个社会做了多少有价值的事情。

## 03 陕西西安某商业集团董事长：在胖东来学到好服务

10多年来，我们一直在学胖东来，学到今天也只学了个皮毛。

2008年，我们开始向胖东来学习，当时是挑选了几个干部去胖东来的门店走访观看，深度学习胖东来的服饰量贩、家电卖场、生活广场。

第二次是在2013年，派出的主要是管理人员。第三次是2018年，派出的是后勤岗人员，包括保洁、保安、工程部人员、收银员。第四次是2019年，胖东来一家超市开业，我带着几个高管又过来一趟。

第一次学习，带给我们最多震撼的，是胖东来的服务。不满意就退货、几十项爱心服务、各个门店承担相应的服务内容、服务投诉奖500元等，这些都颠覆了我们对服务的认知。

第一次学习带给我的最大体会是，我们觉得看起来很简单的事，做起来却非常难，想必很多一把手会和我有同感。那么，难点在哪里呢？在于思维，在于理念。如销售本身就不容易做，内部的声音很杂、行动状态很差、自己不能提升等。但理由是借口，是企业和个人不能成长的最大阻力，所以观念变革比技术变革更重要，重点是服务思维的建立，最该解决的不是服务问题，而是思维问题、理念问题。

制度很容易学，况且胖东来的制度和流程全部都对外开放。但我们最应该学的是什么呢？不是那些制度，也不是规范，而是怎么改变我们的思维。因此，我们统一思维路径，2008～2011年，进行了3年，才塑造出我们自己的基本服务雏形。用了3年时间才走到雏形这一步，可想而知这个过程并不简单。

第二次是学习管理技能。这一阶段我们看到了胖东来的商品力。商品管理要两手抓，一方面我们更加深入细致地向胖东来学习，另一方面继续改变思维和行动，包括组织改革、考核绩效等方面。从2013年开始，我们逐渐形成了五大基础服务方法：提升服务功底方法、顾客需求调研方法、服务亮点工程打造方法、顾客接触点管理方法、全员服务打造方法。

第三次主要是对后勤岗位进行学习，包括保洁、客服、收银、企划。从思维、意识、政策、管理这四项服务落地的基础出发，扎扎实实地学、认认真真地做，对基层服务有了全新认知后，对全员的服务进行打造。包括环境升级——卖场干净、整洁、有序，接触点服务——打磨出适合我们的待客服务体系。

关于服务，我们认为服务的格局要放大，提出"以人为本"的三心服务法则，即做有心人、用心做事、贴心触达顾客的内心。

我们向标杆学习后，不断打造自己、磨炼自己，为了判断我们的学习能否更好地落地，要不要继续下去，我们又去学习。

第四次学习是我和公司高管一起，我们从基础、行动、方法、效果出发，做了很多的沉淀，探索出了我们未来独有的发展模式和服务体系。我们要做区域居民喜欢的、有自己特色的、更符合新时代消费特征的、满足周边客群的服务体系。

第四次学习，我们凝练了三个服务破圈手法。

第一个是公益链接商业。特别是学习完以后，突如其来的疫情提炼了我们的服务意识和能量。

第二个是服务的核心驱动思维。

第三个是服务迭代路径。从购物广场到生活广场，再到现在的服务中心、社区精神文化创意中心。我们慢慢把团队打造成一个具有高素质、高素养、人情味和温度的队伍，和社区共建、共创、共享一些资源，为社区居民做更好的服务。

现在，所有员工都说我们是一个服务者，是一个服务商，商业的功利性已经不在我们的脑海里，我们与社区居民共生活、共成长、共进步。

最后，我想说商业细致化服务是一道光。我经常说一句话：线上是便利，线上是便宜，那线下是什么？我认为线下是体验、是温情、是真实的生活，不要丢掉线下的优势，要认清自我的价值，把握好自己的节奏。

世界还在进化、发展，面对不确定性，应该做到让自己和团队能源源不断地创造价值，才能更好地生存。

东来哥一直在讲人存在的意义、组织存在的意义、商业体存在的意义，每一个品牌、每一个动作存在的意义，这也是我此时所要追求的。

## 04 广东清远某超市总经理：用理念引领行动

经过不断的学习和感悟，对胖东来有了更进一步的理解。

以前一直想学胖东来到底是怎么做的，想学胖东来的技术，认为知道他们的具体方法，就能学得很像。这次懂了一点点"道理就是方法"：一旦你从内心、从企业的理念上完全确立了好的思想理念，并高度内化和认同这个理念，那么理念自然会引领行动。

如果我们的理念是真正把员工的幸福和顾客的幸福作为使命，那自然而然会去想，怎么样能让员工更幸福、让顾客更幸福，方法自然而然就产生了，技术也就有了。

那怎样才能做到这点？

静下来，利己、利他、创造美好、传播幸福。东来哥简单朴实的话语，告诉了我们怎样去做、如何改变。企业要慢下来、静下来，思考做企业的意义是什么；尊重人性，让自己幸福快乐，心中有美好的种子，才能结出美好之果，开出美好之花；要有成人之美的心，发自内心地对他人好，心甘情愿地去创造美好、传播幸福。

知道了这些好的理念，接下来就要去改变，向这些好的理念靠近。

改变从自己开始，不应付自己，不应付别人；在生活中发现美好、创造美好；工作认真负责，做有效有用的事情；让员工都能够开心地工作，进而影响身边的人。

成就了员工，员工自然会开始管理自己；员工变得越来越优秀，工作自然就会有成果。工作的出发点要立足为顾客创造价值，对顾客负责。要努力培养和提升全员服务意识，把为顾客解决问题、创造价值的理念传递给每一位员工；要发自内心地服务顾客，营造有温度的服务；在制度和规范中，要把顾客的利益放在首位；客诉解决要努力向着超出顾客预期的方向去做，服务标准要努力向着真诚和美好去做；在宣传工作中，要把美好生活的理念传递出去。

公司改革要循序渐进，谋定而动；要先梳通理念，合情合理合乎人性；思想必须自上而下地影响；要建立每个阶段的改革目标，一步一步向标杆对齐，而非一蹴而就，一上来就啥都干，最后啥也没干成；对员工好，要实实在在地做到，做不到就不要承诺；员工幸福快乐了，待遇好了，就能不断培养员工的自驱力，这个过程虽有些漫长，但一定是美好的；企业内部要不断营造温馨互助的氛围，只有我们是一群希望美好的人、一个创造美好的团队，美好才能产生；制度和流程规范要简化、要实用；运营中商品力、质量把控等标准化必须严格，要对顾客负责；服务变成发自内心地对别人好，就会实现比标准更好的服务，实现有温度、有人情味的服务。

## 05 浙江丽水某超市董事长：舍不得，就学不会胖东来

我们一开始之所以要学胖东来，是因为生意难做，想跟东来哥学点"技术"，把企业做得更好、更赚钱。

东来哥第一次来我的企业的时候，第一句话就问我："你是想赚一些钱，还是想做一家长久、健康、幸福的企业？"

当我肯定地说出是后者时，东来哥也坚定地说那我帮你调整。但当东来哥给出方案时，不只是我，我的财务也惊呆了，他把我一年一两千万元的利润都给分光了。

后来，这样做以后，团队的改变让我十分震惊。我逐渐理解到，当你把善良和真诚传播出去时，你的企业也会充满真诚和善良，而这种力量是无比强大的。

胖东来我们学不会，东来哥我们学不会，真正的原因是我们失去了善良，失去了纯粹，失去了真诚。当你对团队天天"套路"的时候，他们的"套路"比你更多，他们回报给你的是更多的"套路"，我也是这么经历过来的。当你的企业充满"套路"的时候，充满厚黑学的时候，你的企业就会很危险，即使一时蹦得很高，总有一天会掉下去的，这也是很多明星企业陨落的原因。

我听到最多的两句话是：胖东来是神一样的企业，东来哥是神一样的人。然而，当我们近距离接触了胖东来这个企业后会发现，这个企业其实很简单，他们中的大部分人学历都很低，但他们很简单、很纯粹、很善良、很真诚、很有爱，有很多爱。

近距离接触东来哥后，发现他其实就是一位普普通通的好大哥，睿智、善良、真诚、纯粹，感性大于理性。

胖东来真的学不会吗？也许是。东来哥真的学不会吗？也许是。

但我想说的是，当我们都慢慢找回孩童时候的善良、真诚、单纯、纯粹，并且以这种态度对待我们的团队成员的时候会发觉，收获的是更加多的善良、更加多的爱、更加多的纯粹，我们的企业会因此受益。截止到今天（2023 年 5 月），我们的业绩增长了 8%，比去年同期多赚了几百万元，而且是在每月工资支出多出 100 多万元的前提下实现的。

胖东来其实学得会，关键看你怎么学，学什么！

## 参考文献

1. 混沌学园公众号.被封神的胖东来，为什么走不出河南？[N/OL].2022-11-18.https://mp.weixin.qq.com/s/HGVIS_rTLWqGzU4aec5Peg

2. 金梅.砺石商业评论公众号.马云与雷军都赞叹的胖东来，是如何炼成的？[N/OL].2023-02-08.https://mp.weixin.qq.com/s/fejYqCS6pmV9w2fqJVSAsQ

3. 窄播公众号.理解胖东来的七个关键点 | 区域零售样本.[N/OL].2023-02-23.https://mp.weixin.qq.com/s/hn5H7D8nZ-d1wIvAiX99_g

4. 华商纵横零售商超管理专家公众号.学习胖东来——站在顾客的角度去发现问题！[N/OL].2020-06-19.https://mp.weixin.qq.com/s/s04d5qHIlY8QxTaQ-aPxdw

5. 北大纵横公众号.【案例】胖东来股权分配体制全剖析.[N/OL].2014-09-26.https://mp.weixin.qq.com/s/uYqSPwKpx6m07L_qRB_A5w

6. 李华.商业观察家公众号.胖东来于东来：净利润率3、4个点就够了.[N/OL].2019-08-20.https://mp.weixin.qq.com/s/WX41jIMgX13-Mh_w65COrQ

7. 超市168公众号.【胖东来】胖东来那些可以学会的服务细节.[N/

OL].2019-12-04.https://mp.weixin.qq.com/s/XB7Umsjjhlxs0D-a1-nO7A

8. 孙裕隆 . 联商专栏 . 重新认识中国零售的规模化陷阱 .[N/OL].2021-04-01.https://www.sohu.com/a/458059626_100078322

9. 李论认知 . 火出圈，胖东来的成功在于这一点：消除负面偏见 .[N/OL].2023-04-02.https://baijiahao.baidu.com/s?id=1762067689953092142&wfr=spider&for=pc

10. 胖东来商贸集团有限公司官网 .https://i.azpdl.cn/pdl-index/event/index.html

11. 胖东来 App 公开资料